Hans-Martin Große-Oetringhaus, *1948; Lehrerstudium, promovierte in Pädagogik über das Schulsystem der Schwarzen in Südafrika; arbeitete am Deutschen Institut für Wissenschaftliche Pädagogik; nahm mehrere Jahre lang einen Lehrauftrag zur «Pädagogik der Dritten Welt» an der Universität Münster wahr, betätigt sich heute als Schriftsteller und arbeitet als Medien-Pädagoge beim Kinderhilfswerk terre des hommes. Er unternahm zahlreiche Arbeits- und Studienaufenthalte im Ausland, davon zehn in Afrika, zwei in Lateinamerika und drei in Asien; veröffentlichte wissenschaftliche Aufsätze und verschiedene Bücher; «Wird Feuer ausbrechen – Dokumentarischer Roman über einen Schüleraufstand in Südafrika» (rotfuchs Band 261); «Wenn Leila Wasser holt – Kinder in der Dritten Welt» (rotfuchs Band 363).

Hans-Martin Große-Oetringhaus

Unter den Füßen die Glut

Kinder auf den Philippinen

rororo
Rowohlt

rororo rotfuchs
Herausgegeben von Renate Boldt und Gisela Krahl

Originalausgabe
Veröffentlicht im Rowohlt Taschenbuch Verlag GmbH,
Reinbek bei Hamburg, September 1987

Umschlagfoto Hans-Martin Große-Oetringhaus
Die Rechte an den Fotos liegen beim Autor
rotfuchs-comic Jan P. Schniebel
Umschlagtypographie Manfred Waller

Gesetzt aus der Times (Linotron 202)
Gesamtherstellung Clausen & Bosse, Leck
Printed in Germany
780-ISBN 3 499 20458 4

Inhalt

Du kannst mich noch immer hören
wie ich den Leuten vorsinge.
Aber sie hören gar nicht hin,
was ich ihnen zu sagen habe.
Ich bete,
daß einer auf mich hört.
Und ich glaube,
ich werde noch verrückt vor lauter Erklären,
daß die Dinge, über die sie sich beklagen,
Dinge sind, die sie verändern können.
Ich hoffe,
es gibt jemanden, der es sich zu Herzen nimmt.
Denn ich kann einfach nicht glauben,
daß niemand es wissen will.

(Aus einem alten philippinischen Volkslied)

Herrschaft und Widerstand

Ein Vorwort

Es war am 21. März 1521. Der in spanischen Diensten stehende Seefahrer Magellan betrat an diesem Tag als erster Weißer philippinischen Boden. Seitdem ist die Geschichte dieser Inselgruppe zwischen dem Südchinesischen Meer und dem Pazifischen Ozean eine Geschichte der Fremdherrschaft. Die Philippinen wurden spanische Kolonie.

Viermal wechselten seitdem die fremden Herren: Spanier, Amerikaner, Japaner und dann wieder Amerikaner rissen die Macht an sich. Auch die Briten eroberten Manila für kurze Zeit. Selbst nach der Unabhängigkeit 1946 blieben die Philippinen in völliger Abhängigkeit der Vereinigten Staaten.

Marcos lockte zahlreiche ausländische Firmen ins Land. Die Firmen kamen gerne, denn auf den Philippinen brauchten sie nur geringe Arbeitslöhne zu zahlen. Wie es den Menschen dabei ging, das interessierte weder die ausländischen Firmen noch Marcos und seine Günstlinge. Sie bereicherten sich schamlos und bauten ihre persönliche Macht aus. Am 21. September 1972 verhängte Präsident Marcos das Kriegsrecht über die Inseln. Dadurch konnte er Streiks, Proteste und ‹Unruhen› bereits im Keim ersticken. Diese drohten seine ‹exportorientierte Entwicklungsstrategie› zu untergraben. Marcos brachte seine angehäuften Reichtümer frühzeitig außer Landes, vor allem in die USA und in die Schweiz. Sein Vermögen dort wurde auf fünf bis elf Milliarden US-Dollar geschätzt. Dagegen betrug der gesamte philippinische Staatshaushalt für 1985 etwa 3,1 Milliarden US-Dollar.

Um dieses System aufrechtzuerhalten, ließen Marcos und seine Günstlinge Demonstrationen von Bauern, städtischen Arbeitern, Volksminderheiten und Studenten niederknüppeln. Die Gefängnisse füllten sich. Die Pressefreiheit wurde aufgehoben, Zeitungen, Radio und Fernsehen wurde sozusagen ein Maulkorb umgehängt. Politische Parteien und Organisationen wurden verboten. Das führte dazu, daß im Untergrund der Widerstand zunahm. Die bewaffneten Verbände der ‹Neuen Volksarmee› (New People's Army, NPA) wuchsen von Jahr zu Jahr.

Am 21. August 1983 setzte ein Ereignis eine Lawine in Gang. Marcos ließ auf dem Flughafen von Manila den Ex-Senator Benigno Aquino ermorden. Aquino war von Marcos acht Jahre lang inhaftiert und 1980 wegen einer Herzoperation in die USA entlassen worden.

Nach dreijährigem Exil kehrte Aquino in seine Heimat zurück. Noch auf der Gangway wurde er vom Militär erschossen.

Die Philippinen erlebten zahlreiche Protestaktionen und Anti-Marcos-Demonstrationen. Zusätzlich verschaffte der Mord an Aquino der Oppositionsbewegung weiteren Zulauf. Sie entwickelte sich bald zu einer Volksbewegung, in der sich zahlreiche Initiativgruppen zusammenschlossen, wie Slumbewohner von Tondo, Sozialarbeiter, Lehrer, Ärzte, Arbeiter, kirchliche Mitarbeiter. Viele dieser Basisinitiativen bildeten im März 1985 landesweit das politische Bündnis BAYAN und forderten eine grundsätzliche Änderung der Wirtschaftspolitik, die sich an den Bedürfnissen der Masse der Bevölkerung ausrichtet, die Durchführung einer umfassenden Landreform und den Abzug der US-Militärstützpunkte.

BAYAN organisierte Volksmärsche und Volksstreiks. Eine *People's Power*, eine *Kraft des Volkes* war gewachsen, die schließlich zum Sturz von Marcos führte. Im Februar 1986 fanden Wahlen statt. Für die Opposition trat Cory Aquino an, die Witwe des ermordeten Benigno Aquino.

Durch Täuschungen, massiven Wahlschwindel und Terror versuchte Marcos, die Wahl für sich zu entscheiden. Der Betrug war offensichtlich, die politische Krise spitzte sich immer mehr zu. Als schließlich zwei seiner engsten Gefolgsleute, Verteidigungsminister Enrile und Generalstabschef Ramos, zur Opposition überliefen und Marcos seine Truppen gegen sie schickte, stellten sich die Menschenmassen vor die Panzer und hinderten die marcostreuen Truppen daran, zuzuschlagen. Marcos mußte das Land verlassen. Cory Aquino wurde neue Präsidentin.

In Manila selbst hat sich seitdem viel verändert. Die Menschen nutzten ihre neuen politischen Freiheiten. Auf dem Land aber blieb vieles beim alten, das Militär hat nach wie vor die Macht in den Händen. Auch die Massaker der Soldaten gehören nicht der Vergangenheit an. Entscheidende Reformen und gesellschaftliche Veränderungen sind kaum in Sicht. Für die Menschen auf den Zuckerrohrplantagen oder in den Slumgebieten, für die Armen und Arbeitslosen und vor allem auch für die Kinder und Jugendlichen hat sich nicht viel geändert, und Änderungen sind noch nicht in Sicht.

Sie suchen auf der Straße nach Gelegenheitsjobs. Sie verkaufen alles, was man sich vorstellen kann: Zigaretten, Kaugummis, Blumen, Kugelschreiber, Schwitztücher, Kappen, Nüsse, Obst. Sie rennen hinter schnell fahrenden Autos her, um den Fahrern Zeitungen zu verkaufen. Sie wischen Windschutzscheiben und versuchen dafür ein paar Pesos zu bekommen. Erfinderisch und zäh sind sie alle. Kinderarbeiter.

Drei Millionen soll es von ihnen auf den Philippinen geben, ein Drittel davon allein in Manila. Oft arbeiten sie bis zu zwölf Stunden am Tag. Vielleicht verdienen sie dabei 12 Pesos. Vielleicht auch weniger. Dafür können sie gerade ein Kilo Reis und ein halbes Kilo Fisch kaufen. Diese Kinder sind gezwungen, hart zu arbeiten, um zu überleben. Manche sind sogar die einzigen Verdiener in ihrer Familie.

Wenn man diese Kinder fragt, wie ihnen geholfen werden könnte, dann antworten sie: Mit Arbeitsplätzen für unsere Eltern und mit niedrigeren Lebenshaltungskosten.

Vier Tage im Februar

Da steht einer an der Kreuzung: schwarze kurze Haare, abgetragenes T-Shirt, verschlissene Hose, viel zu große, abgetretene Sandalen. In seinem Holzkästchen vor dem Bauch hat er Zigarettenschachteln aufgereiht. Einige davon sind bereits geöffnet, wie überall, wo Zigaretten stückweise angeboten werden. Man nennt es takal, der Verkauf von kleinen Einheiten. *Es ist ein Begriff für das Leben von der Hand in den Mund.*

Ich kaufe dem Jungen ein paar Zigaretten ab, um mit ihm ins Gespräch zu kommen. Der Junge ist zwölf Jahre alt.

Wieviel er verkaufe?

Nie mehr als sechs Päckchen am Tag. Wenn das Geschäft gut geht, nimmt er am Abend 20 Pesos mit nach Hause. Davon gibt er seiner Mutter einen Teil, von dem Rest bezahlt er seine Schul-

sachen. Die Arbeit beginnt morgens um fünf Uhr. Dann geht er zur Schule, und danach arbeitet er weiter bis abends um sieben Uhr.

Als wir uns verabschieden, stecke ich ihm die Zigaretten wieder in seinen Holzkasten. Ich bin Nichtraucher. Der Junge schaut mich verständnislos an.

Merkwürdig sind sie schon manchmal, diese Fremden, wird er denken.

Die Kinder auf den Straßen haben viel zu erzählen: von ihrer Arbeit, ihren Sorgen, ihrem Alltag, aber besonders von jenen vier Tagen im Februar 1986, als ein neues Kapitel in der Geschichte der Philippinen begann.

Dichte Abgasfahnen hingen über der Kreuzung. Wenn die Ampel auf Grün sprang, wurden sie noch dunkler. Schwarze, heiße Wolken stießen dann aus den Auspuffrohren der Busse und Jeepneys. Die Abgase der vorbeifahrenden Autos mischten sich mit der feucht-schwülen Luft und schlugen Ricco ins Gesicht. Am liebsten hätte er sich ein Tuch vor Nase und Mund gehalten. Doch dazu fehlte ihm eine dritte Hand. Die Linke brauchte er, um den Zeitungsstoß zu halten. Mit der Rechten nahm er das Geld ein. So war das bei einem Zeitungsjungen: Eigentlich hatte er immer eine Hand zuwenig.

Und schnell mußte er sein. Die Ampel stand nie lange auf Rot. Da mußte Ricco sich schon beeilen, wenn er in der kurzen Zeit etwas verkaufen wollte.

Zu den Stoßzeiten bewegte sich der Verkehr nur zäh über die breite Edsa. Sechs Spuren in Richtung Makati, sechs Spuren in die andere Richtung. Ricco schob sich zwischen den Wagen hindurch, wich ihnen aus, wenn wieder Bewegung in den Verkehr kam, und nutzte kleine Lücken, um auf die nächste Spur zu gelangen. Dabei schlug er mit einem Pesostück gegen die Außenwände der Jeepneys, um die Fahrgäste der Sammeltaxis auf sich aufmerksam zu machen.

Malaysian, rief er dabei. Oder *Inquirer*. Oder *Manila Times*. Das waren nämlich die drei Zeitungen, die er anzubieten hatte. Wenn er bei einer Rotphase der Ampel vorne in einen Bus sprang und sich hastig durch den Gang zwängte, um vor dem Umschalten auf Grün hinten wieder rechtzeitig abzuspringen, dann rief er auch schon mal die Schlagzeilen aus. Vorausgesetzt, es gab welche, mit denen man Käufer auf sich aufmerksam machen konnte.

Ein Fahrer auf der dritten Spur winkte Ricco zu sich heran. Ricco nutzte eine Lücke, schob sich zwischen zwei Jeepneys hindurch auf die zweite Spur, lief an der Autoreihe entlang und sprang auf die dritte Spur.

Inquirer, sagte der Fahrer und legte den Gang ein, weil sich der Verkehr wieder in Bewegung setzte.

Ricco reichte ihm die Zeitung durchs Fenster, während er neben dem anfahrenden Wagen herlief. Der Fahrer warf Ricco eine Münze zu. Einen Schritt vor ihm schlug sie auf den Asphalt und rollte über die Straße. Ricco sprang ihr nach. Hinter ihm hupte ein Fahrer. Ricco wich erschrocken zurück. Da donnerte ein Lastwagen auf der zweiten Spur heran. Ricco flüchtete sich wieder an den Straßenrand. Er mußte versuchen, bei der nächsten Rotphase die Münze aufzuheben.

Ungefährlich war sein Beruf wirklich nicht. Und anstrengend war er auch. Abends, nach zehn Stunden Arbeit, taten Ricco meistens die Füße weh. Und das alles für 25 Centavos, denn mehr verdiente er an einer Zeitung nicht. Wenn er sechzig Zeitungen am Tag verkaufen konnte, hatte er gerade 15 Pesos, das sind keine 2,– DM, eingenommen.

Vorn an der Ampel stand Millio. Er trug einen kleinen Bauchladen mit Zigaretten, Bonbons und Kaugummi. Mit einem kleinen Kläppchen, das er gegen den Holzrahmen schlug, machte er die Fahrer auf sich aufmerksam. Millio verkaufte am Tag vielleicht hundert Zigaretten. Mal waren es ein paar mehr, mal weniger. Wenn er Glück hatte, konnte er am Abend 20 Pesos mit nach Hause nehmen.

Ricco winkte ihm zu. «Wo ist Conny?» rief er.

Millio zeigte auf die andere Straßenseite. Dort lief Conny wie eine aufgeschreckte Ratte zwischen den Autoreihen auf und ab und bot den Fahrern Schweißtücher und Jasmingirlanden an. Ihre Kunden waren vor allem die Jeepney-Fahrer, die sich mit den Tüchern den Schweiß aus dem Nacken und von den Händen wischten oder sich eine Jasmingirlande um den Rückspiegel hängten. Als Conny für einen Augenblick ihr Gesicht zu Ricco gewandt hatte, fuchtelte er mit seinem rechten Arm durch die Luft und zeigte zur Straßenecke, dorthin, wo *Diosdados Super Restaurant* lag. Bei Diosdado in der Eßstube trafen sich nämlich immer alle Kinder, deren Arbeitsrevier die Kreuzung von New York Avenue und Edsa in Cubao war.

Neben Ricco, Millio und Conny gehörte noch Loreto zu ihnen. Er verkaufte Zeitungen wie Ricco. Allerdings hatte er die *Sunday Times*, den *Midday* und das *Bulletin*. Darum war er keine richtige Konkurrenz für Ricco. Außerdem kam Loreto meistens nur am frühen Morgen und nachmittags. Vormittags besuchte er nämlich die Schule. Die drei anderen hatten das längst aufgegeben, obwohl sie alle erst dreizehn oder vierzehn Jahre alt waren. Aber wenn man auf seine 15 Pesos am Abend kommen wollte, durfte man den Morgen nicht ausfallen lassen.

Conny kam über die Straße und ging auf *Diosdados Super Restaurant* zu. Super war das Essen von Diosdado in der Tat. Zu dem Reis, den er kochte, bereitete er verschiedene Soßen zu. Sie waren in Töpfen, die hinter einer Glasvitrine standen, und jeder konnte sich eine Soße aussuchen.

Ließen die Gäste Reste auf ihren Tellern zurück, dann gehörten sie den vieren. Diosdado stellte sie für sie zurück. Und auch wenn auf einem der Tische eine Colaflasche stehenblieb, in der noch ein oder zwei Schlucke waren, stellte sie Diosdado zur Seite.

Er hatte mit den vieren ein Abkommen getroffen: Die Reste waren für sie. Und wenn er mitbekam, daß ein Kunde nach Zigaretten suchte oder gerade seine letzte rauchte, dann trat er kurz auf die Straße und pfiff nach Millio. Oder wenn sich ein verliebtes Paar an einen der Tische setzte, trat er nach draußen und gab zwei Pfiffe ab. Damit war Conny gemeint. Die kam schnell mit ihren Jasmingirlanden und bot sie dem Paar an. Wenn Diosdado wie zufällig hinzutrat und die Blumen bewunderte, dann kaufte der Mann Conny fast immer einen Kranz für seine Begleiterin ab.

Als Gegenleistung erwartete Diosdado, daß die Kinder sein Restaurant weiterempfahlen. Sie kamen ja mit vielen Leuten zusammen. Wurden sie mal gefragt, wo man gut und preiswert essen konnte, dann schickten sie die Leute zu Diosdado.

Unter den Jeepney-Fahrern von Cubao hatte es sich längst herumgesprochen, daß Diosdados Soßen besonders gut waren. Viele von ihnen hielten mittags kurz bei ihm an, um zu essen. Für Ricco, Millio, Conny und Loreto war das jedesmal ein Geschäft. Und außerdem fielen mit Sicherheit auch noch ein paar Reste für sie ab.

Loreto war bereits aus der Schule zurück. Er wartete auf die drei anderen und versuchte dabei, den Gästen einen *Midday* oder ein *Bulletin* zu verkaufen. Dabei hatte er sich so hingesetzt, daß er den Fernseher im Auge hatte. Denn das machte *Diosdados Super Restaurant* besonders attraktiv: In einer Ecke hatte er ein Bord mit zwei Brettern angebracht. Auf dem oberen stand ein Fernseher, auf dem unteren ein Radiogerät. Diosdado war dafür bekannt, daß er jede freie Minute dazu nutzte, um auf die Knöpfe zu drücken oder an den Skalen zu drehen. Ständig war er dabei, ein Programm aufzuspüren, auf dem etwas Interessantes lief. Es gab zwar viele Sender in Manila, aber Diosdado hielt einen für langweiliger als den anderen. Loreto pflichtete ihm bei.

Marcos, immer wieder Marcos, dachte er. Für das Fernsehen schien es keine anderen interessanten Menschen zu geben.

Conny trat ein. Kurz darauf folgten ihr Ricco und Millio. Sie machten ihre Runde durch die Eßstube und verkauften ein paar Zeitungen und Zigaretten. Diosdado kam aus der Küche und brachte einigen Fahrern das Essen. Als er im Vorbeigehen das starre Gesicht des Präsidenten auf dem Bildschirm erblickte, drückte er auf den Knopf. Das Bild fiel in sich zusammen.

«Was kann man von Kanal 4 schon Besseres erwarten», schimpfte er vor sich hin.

Dann schaltete er das Radiogerät ein und suchte den Piratensender auf der Skala. Er sendete erst seit kurzem und wurde nicht staatlich kontrolliert oder beeinflußt. Darum konnte man hier wichtige Neuigkeiten erfahren. Diosdado drehte am Knopf. Als der Zeiger auf der Skala in die Nähe der Position 100 kam, war die Stimme von June Keithley zu hören. Jeder in Manila kannte sie, zumindest alle, die über ein Radiogerät verfügten. Sie war schon fast so etwas wie das Erkennungszeichen der Anti-Marcos-Opposition.

June Keithley berichtete über eine bevorstehende Anti-Marcos-Demonstration im Rizal-Park. Sie sollte am späten Nachmittag beginnen. Loreto war sofort dafür, hinzufahren. Auch

Conny und Millio mußten nicht lange überlegen. Sie waren für Cory Aquino, oder eigentlich für alles, was gegen Marcos war. Nur Ricco wollte nicht.

«Bist du etwa für Marcos?» fragte Conny entsetzt.

Ricco wußte nicht, was er auf diese Frage antworten sollte. Er wollte leben und Geld verdienen. Er träumte davon, ins Kino gehen zu können. Welcher Präsident im Malacanjang-Palast wohnte, war ihm eigentlich egal.

«Ich habe andere Sorgen», sagte Ricco kurz.

«Aber Marcos ist ja gerade die Ursache für deine Sorgen.» Conny redete erregt auf ihn ein. «Er ist der Grund, warum wir so arm sind.»

Ricco verstand das nicht. Die sollen ruhig gehen, dachte er insgeheim, dann bin ich heute nachmittag allein an der Kreuzung und kann vielleicht mehr verkaufen.

Conny, Millio und Loreto machten sich ohne ihn auf den Weg zum Rizal-Park. Ricco stellte sich wieder an die Kreuzung. Aber so recht wollte das Geschäft an diesem Nachmittag und Abend nicht laufen.

Am nächsten Morgen trafen sich die vier wieder bei Diosdado. Es war Sonntag. Im Restaurant war noch nichts los. Diosdado ging wieder seiner Lieblingsbeschäftigung nach und drehte an den Knöpfen seines Radios. Conny, Millio und Loreto berichteten von der Demonstration im Rizal-Park. Ricco hörte teilnahmslos zu. Er bewegte sich im Rhythmus der Musik, die Diosdado inzwischen gefunden hatte.

Die Musik brach ab, und Junes Stimme war wieder zu hören. Aber heute klang sie irgendwie anders. Sie zitterte leicht.

«Seid mal still», fuhr Diosdado Conny an, die noch begeistert von der Demonstration berichtete. Diosdado drehte den Ton lauter. Gebannt starrte er auf das Gerät.

General Fidel Ramos, der Befehlshaber der Streitkräfte, und Verteidigungsminister Juan Ponce Enrile hatten in der vergangenen Nacht um etwa 21 Uhr Präsident Marcos gegenüber ihre Loyalität aufgekündigt. Sie hatten sich Cory Aquino angeschlossen und waren jetzt mit einem kleinen Teil der Truppen in Camp Crame und Camp Aguinaldo. Mehr Einzelheiten wußte man noch nicht.

«Habt ihr gehört?» Diosdado zeigte aufgeregt mit seiner rechten Hand auf den Lautsprecher. «Habt ihr gehört? Das Militär wechselt das Lager. Jetzt sind Marcos' Tage gezählt.»

Diosdado mußte sich setzen. Doch dann sprang er gleich wieder auf. «Jetzt muß ich erst mal einen Kaffee trinken. Möchtet ihr auch einen?» Bei einer solchen Nachricht wollte er nicht kleinlich sein.

Die vier nickten. Klar wollten sie auch einen Kaffee.

«Laß das Radio an und berichte uns, wenn was Neues passiert», rief Conny Diosdado noch zurück, als die vier wieder auf die Straße gingen. Aber das hätte er ohnehin getan. Heute blieb das Radio den ganzen Tag an, und der Zeiger behielt seine Position bei der Hundert.

Während des Vormittags kam eine neue Nachricht. June teilte mit, daß Marcos und seine Familie das Land verlassen hätten. Die Portionen, die Diosdado austeilte, wurden immer größer. Aber richtig glauben mochte er die Meldung noch nicht. Draußen auf der Straße tanzte Conny vor Freude. Einige Autofahrer hatten die Meldung auch gehört und begannen ein Hupkonzert. Millio, Loreto und Conny reckten ihnen die zum «L» gespreizten Daumen und Zeigefinger entgegen und riefen «Laban, Sieg». Ricco war von den Vorfällen nicht beeindruckt. Er hielt nach Kunden Ausschau. Alles andere interessierte ihn nicht.

Als Conny wieder einmal in Diosdados Restaurant gelaufen kam, schaltete Diosdado sofort das Fernsehgerät ein und stellte es auf Kanal 4 ein. Ein Sprecher sagte, daß Marcos noch im Malacanjang-Palast sei. Im Hintergrund konnte man Schüsse hören. Für einen Augenblick herrschte im Sendestudio Verwirrung. Dann fiel das Bild aus. Währenddessen ließ Diosdado das Radio weiterlaufen. June berichtete gerade, daß

Rauch aus dem Sendegebäude von Kanal 4 dringen würde. Es müsse dort brennen.

Diosdado stand aufgeregt vor den beiden Geräten. Zum Bedienen seiner Gäste kam er gar nicht. Aber niemand nahm ihm das übel. Alle starrten gebannt in die Ecke, aus der fast jede Minute eine neue Meldung kam.

Als sich June das nächste Mal zu Wort meldete, sprach sie aus dem Fernsehapparat zu den Leuten, die sich bei Diosdado versammelt hatten. Der ehemals regierungseigene Sender war jetzt in den Händen der Opposition. Conny hatte Junes Gesicht noch nie gesehen. Das war sie also!

Conny betrachtete fasziniert ihr Idol. Junes Gesicht sah freundlich, aber müde aus.

«Wir brauchen mehr Leute», sagte sie eindringlich. «Was immer Sie gerade tun, lassen Sie alles stehn und liegen und kommen Sie auf die Straße. Kommen Sie zum Sendehaus von Kanal 4. Oder kommen Sie zur Edsa. Denn marcostreue Truppen haben sich bis zu den Zähnen bewaffnet. Sie rücken in voller Kriegsausrüstung auf das Sendehaus, Camp Crame und Camp Aguinaldo zu. Sie werden dabei von Panzern, gepanzerten Fahrzeugen, Artillerie und Helikoptern unterstützt. Kommen Sie. Durch Ihre Anwesenheit können Sie uns im Sendehaus oder die Soldaten in Camp Crame und Camp Aguinaldo schützen. Bitte kommen Sie. Wir brauchen Leute!»

Junes Stimme klang immer beschwörender.

Auch Kardinal Sin rief die Bevölkerung über den Radiosender der katholischen Kirche auf, sich auf der Edsa vor Camp Crame zu versammeln, um die marcostreuen Truppen am Angriff zu hindern.

Währenddessen ließ die Regierung über den Sender des Kanals 9 verkünden, daß die beiden Camps von Artillerie umzingelt wären. Die Truppen wären bereit, anzugreifen. Es gebe kein Entkommen für die Rebellen. Marcos rief die Bevölkerung auf, zu Hause zu bleiben und nicht auf die Straße zu gehen. Später ordnete er sogar eine nächtliche Ausgangssperre an. Wer sich abends nach 6 Uhr noch auf der Straße aufhalte, müsse damit rechnen, daß auf ihn geschossen würde.

Auf Kanal 4 rief June ununterbrochen dazu auf, zum Camp Crame oder zum Sendehaus zu kommen. Jetzt hielten es auch Conny, Millio und Loreto nicht mehr aus.

«Komm, laß uns gehen», drängte Conny.

«Ich muß arbeiten», wehrte Ricco ab.

«Aber am Camp Crame sind Tausende von Menschen, denen du was verkaufen kannst. Die werden heiser vom Schreien und wollen Bonbons oder Kaugummis kaufen. Und was meinst du, wieviel die rauchen, wenn sie stundenlang auf der Straße stehen. Und Zeitungen wollen sie haben. Jede Meldung wird von denen verschlungen, jede Reaktion von Marcos diskutiert. Aus jedem Artikel versuchen sie herauszulesen, wie lange sich Marcos noch halten kann.» Conny holte tief Luft. «Also was ist? Kommst du jetzt mit?»

«Na gut, wenn du meinst.»

Ricco klemmte sich seinen Zeitungsstapel unter den Arm. Dann liefen sie auf die Straße, um hinten auf einen Jeepney aufzuspringen.

Als sich Ricco Camp Crame näherte, wurde die Menschenmenge immer dichter. Tausende mußten sich hier versammelt haben. Zehntausende. Es war ein fürchterliches Geschiebe und Gedränge. Als plötzlich marcostreue Truppen anrückten, stellten sich Priester und Nonnen in die erste Reihe. Sie sangen Lieder. Die Panzer stoppten. Ein Freudentaumel brach aus.

«Bende», dröhnte die Menschenmenge. «Bende, Bende, Bende . . . zwanzig Jahre sind genug.»

Sie reckten dabei ihre Hände in die Höhe und spreizten Daumen und Zeigefinger zu einem «L».

«Laban», riefen sie. Oder: «Marcos, hau ab!»

Andere skandierten: «Cory, Cory, Cory.»

Wie eine Welle bewegte sich der rhythmische Sprechchor unter den Zehntausenden hin und her. Überall wurden gelbe Tücher geschwungen. Gelb war die Farbe der Stunde. Gelbe Luftballons baumelten an den Kanonenrohren der aufgefahrenen Panzer.

Ricco ließ sich von der aufgeregten Spannung der Mengen anstecken. Daß er hier war, um Zeitungen zu verkaufen, hatte er fast vergessen. Plötzlich entdeckte er am Rand der Straße einen Blumenstrauß. Den mußte jemand im Gewühl verloren haben. Da würden bestimmt ein paar Pesos bei herausspringen, wenn er den verkaufen würde. Und Abnehmer für Blumen gab es hier wie sonst nie. Ricco hielt den Strauß mit seiner rechten Hand in die Höhe.

10 Pesos würde er dafür bekommen, da war er sich ganz sicher.

Ricco schob sich durch das Gewühl. Plötzlich kam Unruhe in der Menge auf. Panzer und Militärfahrzeuge rückten an, hielten dann aber wieder.

Einige Demonstranten versuchten, einen offenen Lastwagen zu erklimmen. Ricco bemerkte, wie ein Soldat auf der Ladefläche nervös mit seinem Gewehr hantierte.

«Hier! Für Sie! Ein Zeichen des Friedens!»

Ricco reichte ihm den Blumenstrauß hoch. Der Soldat blickte verwirrt zu ihm auf die Straße hinunter. So etwas war ihm noch nie passiert. Er lächelte Ricco an und griff nach den Blumen. Als er wieder hochblickte, waren die Leute längst auf die Ladefläche geklettert. Sie schwenkten ihre Arme hin und her und riefen: «Laban!»

Die Demonstranten auf der Straße begannen zu tanzen. Ricco hatte die 10 Pesos vergessen, klemmte sich seine Zeitungen unter den Arm und tanzte mit. Eine Frau neben ihm klatschte dabei in die Hände.

«Es werden bald bessere Zeiten für euch Zeitungsjungen kommen», lachte sie. «In Zukunft werden die Zeitungen besser sein. Die Leute werden sie dir aus der Hand reißen.»

«Ang bayan kong hirang Pilipinas ang pangalan», sangen die

Menschen auf der Straße. «Geliebtes Heimatland, Philippinen ist dein Name.» Ricco bewegte seine Hüfte im Takt dazu und tanzte weiter.

Die ganze Nacht über rief June im Fernsehen die Leute dazu auf, zur Edsa zu kommen. Sie dirigierte sie über den Sender genau dorthin, wo die Menschenmassen am dringendsten benötigt wurden. Sie bat die Leute, den Soldaten beim Sendehaus von Kanal 4 Essen, Wasser, Kleidung und Medizin zu bringen. Immer mehr Menschen kamen auf die Straßen. An die Nachtsperre hielt sich niemand.

Am Montagmorgen waren die meisten Geschäfte geschlossen. Die Stadt war leer. Alle gingen zur Edsa. In breiten Reihen marschierten sie über die Straße. Sechsspurig. Es waren Zehntausende, Hunderttausende, eine Million. Ricco, Conny, Millio und Loreto waren wieder unter ihnen.

Und dann war plötzlich dieses Knattern in der Luft. Zwei Helikopter gingen im Niedrigflug über ihre Köpfe hinweg. Sie machten einen höllischen Lärm.

Die Leute auf der Straße duckten sich unwillkürlich. Sie spürten den Wind der Rotorblätter. Die Helikopter steuerten geradewegs auf Camp Crame zu. Erst waren es nur zwei, dann vier, schließlich fünf. Jetzt schlagen die Marcos-Truppen zu, dachte jeder. Die Menschen wurden unruhig und versuchten Deckung zu nehmen. Ricco bekam Angst.

Wäre er doch nur an seiner Kreuzung in Cubao geblieben!

Ängstlich blickte er nach oben. Jeden Augenblick konnten die Helikopter ihre Raketen abwerfen.

Da kamen die Maschinen auf einmal herunter und landeten. Die Menschen auf der Straße hielten den Atem an. Es schien eine Ewigkeit zu dauern, bis die Türen aufgingen und der erste Soldat auf den Boden sprang. Mit der Hand machte er das Laban-Zeichen. Keiner mochte es zunächst glauben. Dann wurden Hochrufe laut, breiteten sich aus und übertönten bald das Röhren der Rotorblätter. Die Soldaten stiegen aus und winkten der Menge zu.

Marcos hatte beschlossen, Sieger der Februarwahl zu sein. Trotz aller Proteste wollte er sich am Dienstag erneut zum Präsidenten vereidigen lassen. Die Zeremonie mußte im Malacanjang-Palast in aller Stille durchgeführt werden. Nur ein paar geladene Gäste durften Zeugen der Vereidigung sein. Ein Fernsehteam von Kanal 9 sollte die Feierlichkeit übertragen.

Frau Aquino aber war die Heldin des Tages. Die Aufdekkung von Marcos' großem Wahlbetrug hatte offensichtlich gemacht, daß sie die eigentliche Siegerin der Wahl war. Am gleichen Tag, an dem Marcos seine Zeremonie angesetzt hatte, wurde Cory Aquino in einer öffentlichen Veranstaltung als Präsidentin vereidigt.

Als das Fernsehteam im Malacanjang-Palast die Kameras angestellt hatte, Marcos' Vereidigungszeremonie begann und der alte Mann die Szene betrat, fiel das Bild aus. Der Sender von Kanal 9 war von Rebellentruppen angegriffen worden. Als die Sonne senkrecht stand, waren Schüsse zu hören.

Marcostreue Soldaten hielten den Sendemast besetzt. Die Menge bildete schnell eine menschliche Barrikade vor dem Sendehaus, um das Vorrücken regierungstreuer Truppen zu blockieren. Das Feuer hielt an, bis ein Hubschrauber der Rebellen kam und den Sender einnahm.

Am Abend des vierten Tages waren die Straßen vor Camp Crame, dem Sendehaus von Kanal 4 und dem Malacanjang-Palast noch immer voller Menschen. Um 21.05 Uhr erhoben sich amerikanische Hubschrauber aus dem Park des Malacanjang-Palastes. Danach ging es wie ein Lauffeuer durch die Menge: Marcos und seine Familie waren geflohen und zum amerikanischen Luftwaffenstützpunkt Clark Air Base geflogen worden.

Die Menschen begannen zu singen und zu tanzen. Sie kletterten über den hohen Eisenzaun in den Park und drangen in den Palast ein. Einige öffneten die großen Eisentore. Ricco, Conny, Millio und Loreto strömten mit der Menge in den Park. Ricco konnte es kaum fassen: An jenem Ort, von dem er sonst nur in seinen Zeitungen gelesen hatte, jenem berüchtigten Präsidentenpalast, den bisher nur wenige betreten hatten, stand jetzt er, Ricco, ein Zeitungsjunge aus Cubao. Ihm wurde ganz feierlich zumute.

«Steht nicht so dumm herum!» Conny schnappte sich Millio mit ihrem linken Arm. Mit ihrem rechten hakte sie sich bei Loreto unter. «Komm, Ricco!» rief sie. «Ich hab dir doch gesagt, Marcos hat schuld, daß wir so arm sind. Komm! Wir gehen jetzt in seinen Palast und schauen uns seinen Reichtum an!»

Die vier setzten sich in Trab.

Jeepney-Trip nach Santa Clara

Ohne Jeepney könnte ich gar nicht alle Termine wahrnehmen, alle Gespräche führen. Ohne diese privaten Sammeltaxis würde ich gar nicht zu meinen Gesprächspartnern kommen, denn Manila erstreckt sich über eine geradezu endlose Weite. Aber Jeepneys sind mehr als nur Beförderungsmittel. Sie sind Träume in Blech und Plastik. Sie sind eine fahrende Ausstellung philippinischer Sehnsüchte und Leidenschaften. Sie sind rollende Kitsch-Kunstwerke.

60 000 bis 100 000 soll es von ihnen in Manila geben. Sie halten den Verkehr in Gang und bringen ihn gleichzeitig zum Ersticken.

Nach dem Zweiten Weltkrieg ließen die Amerikaner zahllose Jeeps zurück. Sie galten als schrottreif. Findige Filipinos nahmen sich ihrer an, verlängerten das Chassis um zwei Meter, stellten zwei Sitzbänke in Längsrichtung darauf und schweißten ein Dach darüber.

Allen Legenden zum Trotz werden die Jeepneys heute nicht mehr aus ausgemusterten Jeeps gebaut. Auf dem Firmengelände von Sarao drängen sich heute lange Reihen von Roh-Karosse-

rien, die nach den besonderen Wünschen der Kunden in Handarbeit bemalt und mit buntem Zubehör ausgerüstet werden.

Auf die Seitenwände werden romantische Palmenlandschaften, Träume aus Walt Disney-Motiven oder nur bunte Muster gezaubert. Auf der Kühlerhaube drängen sich Aluminiumtiere, Spiegel und Scheinwerfer. Das geschmückte Frontfenster läßt dem Fahrer nur wenig Sicht. Innenwände und Decke der Jeepneys sind mit Bildern und Sprüchen reich geschmückt. Pin-up-Girls, Heilige und amerikanische Popstars versuchen sich gegenseitig den Rang streitig zu machen.

Aber nicht nur der Wagenschmuck macht jede Jeepneyfahrt zu einem Erlebnis. Es sind vielmehr die Menschen, die dem Jeepney seine Seele geben.

«Überall fahren sie hin. Nur nicht nach Santa Clara!»

Juanito schimpfte leise vor sich hin. Er stand am Straßenrand und reckte sich in die Höhe, so hoch er nur konnte. Er wollte nicht, daß die Jeepneyfahrer ihn übersahen. Vorausgesetzt, es würden überhaupt welche vorbeikommen, die nach Santa Clara fuhren.

Der Verkehr bewegte sich nur zäh über die breite Avenue. Fünf Spuren in die eine Richtung, fünf Spuren in die andere. Über der Straße lag ein schwarzer Nebel aus Dieselabgasen.

Juanito schob sich zwischen den Wagen hindurch. Plötzlich kam wieder etwas Bewegung in den Verkehr. Juanito sprang zurück. Dann entdeckte er eine kleine Lücke. Er nutzte sie und lief in schnellen Sätzen erneut auf die Straße. Bis zur dritten Spur. Da entdeckte er ihn, den Jeepney nach Süden. «Santa Clara» stand ganz deutlich oben auf der Windschutzscheibe. Aber der Wagen konnte nicht anhalten. Juanito versuchte ihm nachzulaufen. Da begann hinter ihm ein wildes Gehupe. Juanito sprang erschrocken auf die zweite Spur zurück. Doch da hätte ihn fast ein anderer Jeepney erwischt. Er spürte, wie sein Hemd von dem Rückspiegel gestreift wurde. Juanito hüpfte erschrocken wieder auf die dritte Fahrspur. Doch auf ihr brauste dröhnend ein Bus heran. Juanito wich wieder zurück. Machte noch einen Schritt zurück. Dann noch einen und noch einen. Schließlich hatten ihn die vorbeifahrenden Wagen wieder bis zum Bürgersteig zurückgedrängt.

«Ist das ein neuer Tanz? Oder was machst du da?»

Die Stimme kam aus einem Jeepney, der gerade neben ihm zum Stehen kam.

«Quatsch», knurrte Juanito. Doch dann sah er das verschmitzte Gesicht des Fahrers. Juanito machte noch einen Hüpfer, wirbelte mit seinen Händen durch die Luft und sagte: «Das ist der *Halt-einen-Jeepney-an*-Tanz. Aber neu ist der bestimmt nicht.»

Der Fahrer mußte lachen.

«Wo willst du denn hin?» fragte er Juanito teilnahmsvoll.

«Nach Santa Clara.»

«Du kannst nicht nur tanzen.» Der Fahrer kniff ein Auge zu. «Du bist sogar ein Glückspilz. Steig ein. Genau dorthin fahre ich.»

Juanito lief schnell um den Wagen herum und sprang hinten rein. Da fuhr das Auto auch schon an. Juanito mußte sich mit beiden Händen an den Seitenstangen festhalten, um nicht gleich wieder herauszufallen. Als der Wagen beschleunigt hatte, schob sich Juanito durch die Beine, Knie und Taschen hindurch, bis vorn hinter dem Beifahrersitz zwei Männer etwas zusammenrückten und er sich zwischen sie zwängen konnte.

Juanito beugte seinen Kopf so weit vor, daß er zwischen dem Fahrer und den Fahrgästen, die neben ihm saßen, hindurch auf die Fahrbahn sehen konnte. Vorn auf der Kühlerhaube galoppierte eine kleine Herde von fünf Aluminiumpferden mit. Eingerahmt wurde sie von Scheinwerfern mit glänzenden Schildmützen aus verchromtem Blech. Ganz vorn auf der Motorhaube wippte ein Plastikhahn. Bei jeder Unebenheit der Straße, bei jedem Schlagloch, sprang er aufgeregt hin und her.

Der Fahrer schien seinem Hahn dieses Vergnügen zu gönnen und nahm darum jedes Schlagloch mit, das er nur erwischen konnte. Wenn der Hahn besonders weit zur Seite wippte, konnte Juanito ihn kaum noch sehen. Ein Strauß künstlicher Rosen, der am Fenster hing, nahm ihm die Sicht. Der obere Teil der Windschutzscheibe wurde durch eine rosa Tüllgardine verdeckt. In der Mitte baumelte ein Rosenkranz. Daneben klebte ein Schild. «Gott ist mein Copilot», stand in poppiger Schrift darauf. Die Prunkstücke des Wagens aber waren zwei Spiegelgalerien. Sie schienen einzig und allein dem Zweck zu dienen, daß der stolze Fahrer sich und den schönsten Teil seines Wagens dauernd darin betrachten konnte. Der rückwärtige Verkehr interessierte ihn weniger. Nur auf die Fahrgäste warf er von Zeit zu Zeit einen Blick durch den Spiegel, um zu überprüfen, ob neue dabei waren, die noch nicht bezahlt hatten.

Ein Bus quetschte sich vor den Jeepney. Schwarze Wolken drangen in Stößen, die von starkem Knattern untermalt wurden, aus seinem Auspuff. Sie hüllten Juanito und die anderen Fahrgäste auf den beiden Bankreihen ein. Juanito preßte sich ein Taschentuch vor Mund und Nase. Mit der anderen Hand hielt er sich an der Haltestange über dem Kopf fest. So konnte er die gröbsten Schlaglochstöße abfangen.

Neben der Stange klebten alle möglichen Bilder und Schilder an der Decke. Da war ein Bild der Jungfrau Maria. Sie lächelte geradewegs in das Gesicht eines Playboy-Hasen. Daneben klebten die Reste eines Fotos. Wenn man genauer hinsah, konnte man erkennen, daß es einst Präsident Marcos gezeigt haben mußte. Etwas weiter stand in roten Druckbuchstaben: «Eine Frau ohne Mann ist wie ein Jeepney ohne Fahrer.» Daneben rekelte sich ein Pin-up-Girl. In seiner Hand hielt es ein Schild: «Thank you Jesus», war darauf zu lesen.

Ein Fahrgast klopfte mit einer Münze gegen das Blechdach. Der Fahrer wußte, was das zu bedeuten hatte. Er versuchte, seinen Jeepney auf die rechte Fahrspur zu dirigieren. Es gelang ihm nicht gleich. Doch schließlich konnte er an den Straßenrand fahren und anhalten. Eine Frau stieg aus. Ein Mann sprang auf. Er setzte sich auf den frei gewordenen Platz. Sein Hemd war bunt gemustert. Violette Boote lagen unter türkisfarbenen Palmen am schwarzgewellten Meer. Der Strand war rosa. Und die Sonne zu Juanitos Verwunderung wirklich gelb. Wie ein Papagei, dachte Juanito, und ein bißchen sah der Mann wirklich so aus.

Seine kleinen Knopfaugen musterten die Fahrgäste. Dann wanderten seine Blicke an der Wagendecke entlang. Kein Bild, keinen Spruch ließen sie aus. Bei den Resten des abgerissenen Fotos verweilten sie etwas länger.

«Fahren Sie auch alle zum Rizal-Park?» fragte der Papagei plötzlich. Dabei ließ er seine Blicke von einem zum anderen gleiten. Der Mann neben ihm schüttelte den Kopf.

«Zum Spazierengehen habe ich keine Zeit», bemerkte er.

«Spazierengehen?» Der Papagei tat beleidigt. «Ja, wissen Sie denn nicht, daß heute nachmittag im Park demonstriert wird?»

«Immer noch?» mischte sich eine Frau ein. «Ich dachte, die Zeit des Demonstrierens wäre jetzt vorbei. Marcos ist endlich weg. Wofür sollen wir denn jetzt noch demonstrieren?»

Der Papagei wurde jetzt noch bunter. Sein Gesicht lief rot an. «Dafür, daß er wiederkommt!»

Seine Blicke wanderten von einem Fahrgast zum anderen, als ob er nach Unterstützung suchte.

«Die neue Regierung ist doch nur ein Chaotenhaufen.» Jetzt plusterte sich der Papagei richtig auf. «Und Kommunisten sind das auch alles.»

«Wenn das nur stimmen würde», mischte sich jetzt ein Mann in einem weißen T-Shirt ein. «Aber wie es jetzt aussieht, wird sich doch nichts ändern. Die Armen bleiben arm. Die Reichen bleiben reich. Das Land müßte neu verteilt werden. Diejenigen, die zuviel haben, sollten es denen geben, die gar nichts haben.»

«Jetzt machen Sie aber mal einen Punkt», entgegnete der

Papagei. «Solche Besserwisser wie Sie haben doch noch nie etwas zustande gebracht. Sie können doch nur nörgeln. Aber Marcos und seine Frau haben die Wirtschaft in Schwung gebracht.»

«Die der Reichen», bemerkte der Mann im T-Shirt spitz.

«Arbeitsplätze hat Marcos geschaffen.» Der Papagei machte Bewegungen, als ob er mit den Flügeln schlagen wollte.

«Aber nicht bei uns in Tondo», mischte sich eine Frau ein.

«Sehen Sie sich das Kulturzentrum an. Oder das Konferenzzentrum. Oder...»

Der Mann im T-Shirt unterbrach den Papagei.

«Über hundert Arbeiter hat Marcos da einbetonieren lassen. Auf Unfälle nahm der keine Rücksicht. Es mußte immer schnell weitergehen. Beton drüber. Fertig. Das war Marcos. Und Sie wollen ihn zurückholen?»

«Er ist der rechtmäßige Präsident», fuhr jetzt der Papagei hoch. «Und jeder, der ihm seine Präsidentschaft streitig machen will, ist ein Verräter. Ein Chaot. Ein Kommunist.» Seine Stimme überschlug sich.

«Sie haben Ihre Parolen gut auswendig gelernt», bemerkte ein Mann, der sich bisher zurückgehalten hatte. «Aber Marcos zahlt ja bekanntlich seine Demonstranten gut aus. Er hat schließlich genug Geld ins Ausland geschafft. Heute kann er sich seine Schreihälse kaufen. Wieviel Pesos haben Sie denn eingesteckt?»

Die Gesichtsfarbe des Papageien wurde jetzt noch dunkler. «Und die Kommunisten! Kriegen die kein Geld?»

Die Frau, die im vorderen Teil des Wagens saß, lachte bitter.

«Genau! Weil alle Armen Kommunisten sind, und weil alle Kommunisten soviel Geld bekommen, sind wir in Tondo alle Millionäre.»

«Solche subversiven Leute wie Sie, die sollte man einsperren!»

Der Wagen hielt ruckartig an. Vorn stieg eine Frau aus. Der Platz neben dem Fahrer wurde frei.

Juanito blickte in den Spiegel, um dem Fahrer ins Gesicht sehen zu können. Irgendwann mußte der doch was sagen. Schließlich war das doch sein Wagen, in dem sie fuhren. Aber er schwieg. Sein Gesicht war unbeweglich. Als ob ihn das Gerede des Papageien gar nichts angehen würde. Als ob es nicht alle beleidigen würde! Auch ihn?

Aber der Fahrer schwieg zu allem.

Oder gehörte er auch zu denen, überlegte Juanito. «Früher bezahlte Marcos seine Anhänger fürs Schweigen», sagte er erregt. «Heute fürs Schreien. Aber Geld für die Armen hatte er nie.»

«Marcos war schon Präsident, als du noch in die Windeln geschissen hast. Ach, dich gab es noch gar nicht, da war unser Präsident schon ein großer Mann.»

Juanito wollte protestieren. Aber der Papagei ließ ihn gar nicht erst zu Wort kommen. «So ein Lümmel. Stinkt bis zum Himmel und riskiert hier eine große Klappe.»

Juanito blickte hilfesuchend in den Spiegel.

Da trat der Fahrer in die Bremse. Zum erstenmal öffnete er seinen Mund.

«Mein Herr, Sie wollen zum Rizal-Park. Nehmen Sie doch neben mir Platz. Hier vorn sind die besseren Plätze, und für Sie sind die gerade richtig.»

Juanito war entsetzt. Hatte er sich doch gleich gedacht, daß der Fahrer auch so einer war. Er wandte verächtlich seine Augen vom Spiegel ab.

Der Papagei aber blickte zufrieden in die Runde. Siegesbewußt erhob er sich, zwängte sich zwischen den Knien hindurch nach hinten und stieg aus. Dann ging er um den Wagen herum, um sich vorn neben den Fahrer zu setzen. Plötzlich gab der Fahrer Gas. Die Fahrgäste flogen erst nach hinten und beim Umschalten des Ganges wieder nach vorn. Der Papagei aber blieb in einer schwarzen Dieselwolke zurück.

Als die Fahrgäste wieder Halt gefunden hatten, ging über ihr Gesicht zuerst ein heimliches Lächeln. Dann folgte ein befreiendes Lachen. Schließlich trommelten sie mit Pesostücken oder ihren Fingerknöcheln gegen das Blech des Autodaches. Juanito warf einen Blick in den Spiegel. Da erkannte er, wie der Fahrer ihm zuzwinkerte.

Unter den Füßen die Glut

Da wäre sie mir doch fast zwischen den Beinen hindurchgelaufen! Die Ratten in Tondo sind frech und übermütig. Ich sitze auf einem Holzschemel und habe den Rücken an die Wand gelehnt. Es wird Abend. Meine Beine sind müde vom vielen Laufen. Ich strecke sie aus. Da kommt sie schon wieder! Und wie fett sie ist! Die Ratte läßt sich weder durch mich noch durch die Katze beeindrucken, die auf einem anderen Hocker liegt. In Tondo sind die Ratten die einzigen Lebewesen, denen es wirklich gut geht. Sie sind nicht wählerisch mit ihrer Nahrung, und sie fühlen sich zwischen den stinkenden Abfallhaufen wohl. Hier gedeihen sie prächtig. Im Gegensatz zu ihren Feinden, den Katzen. Die Katzen von Tondo haben kein seidiges, langes Fell, Schleifen und Lederhalsbänder wie die Katzen im Forbes-Park und in den Vierteln der Reichen. Die Katzen von Tondo sind struppig, zerzaust, oft haben sie blutige Wunden am Körper, weil sie sich um die wenigen Abfälle balgen und beißen. Sie finden nicht genug Freßbares im Müll. Kein Reis, kein Brot und schon gar kein Fleisch. Die Katzen sind mager und knochig. Sie haben Angst vor den Ratten.

In Tondo gibt es viele Ratten. Wie viele es sind, weiß niemand. Man weiß nicht einmal genau, wie viele Menschen hier leben. Tondo ist ein Stadtteil von Manila und das größte Slumgebiet ganz Südostasiens.

Über zwei Millionen Menschen müssen in den Slums der Hauptstadt wohnen. Wohnen? Sie leben in Buden aus rissigen Bretterwänden, Pappen, Wellblech und unverputzten Steinmau-

ern. Aus den Abfällen der Stadt haben sie sich Unterkünfte errichtet. Dazwischen liegen verschlammte Wege und stinkende Müllhaufen.

Dies ist die Kehrseite jener Medaille, die den Reichtum zeigt, den Marcos und ein paar reiche Familien an sich gerissen haben. Viele Kinder müssen ihn mit ihrem Leben bezahlen. In Tondo sind fast alle Kinder unterernährt. Darum sterben viele von ihnen auch an sonst harmlosen Krankheiten wie Masern.

Viele Familien hier haben weder Wasser noch eine Toilette. Sauberkeit und Hygiene bilden ein großes Problem. Die meisten Kinder haben Wurmkrankheiten. Besonders schlimm ist es während der Regenzeit. Für die Menschen, die hier leben müssen, änderte sich nach dem Sturz Marcos' bisher wenig. Sie wissen, daß von «oben» keine Hilfe für sie kommen wird. Wenn sich etwas verändern soll, dann müssen sie sich zusammentun und dafür kämpfen. Das ist ihre Erfahrung von vielen Jahren. Und daran hat sich auch nach dem Sturz von Marcos wenig geändert.

Mitten in Tondo liegt der «Smoky Mountain», Manilas rauchender Berg. Hier leben 18000 Menschen auf und von dem Müll der Hauptstadt. Die Hälfte von ihnen sind Kinder. Der Müllberg erhebt sich bis zur Höhe eines achtstöckigen Hauses. Schon von weitem ist sein Rauch sichtbar.

Ich kann nicht mit Worten den bestialischen Gestank vermitteln, der über dem Müll liegt. Ich kann den Rauch, der die Müllhalde einhüllt, nicht emporsteigen lassen, nicht in den Augen und der Lunge beißen lassen. Ich kann das Feuer nicht sengen lassen, das unter den Füßen brennt. Ich kann die Hitze der Sonne nicht spüren lassen, die erbarmungslos auf die Hütten niederbrennt. Ich kann nicht die Regengüsse hervorbrechen lassen, die Lehm und Müll zu einer glitschigen Schmiere verbinden; aber ich kann die Geschichte von Alfonso und Edgar, Julieta und Marco erzählen. Die vier sind Geschwister. Edgar ist mit seinen fünfzehn Jahren der älteste von ihnen. Alfonso ist zwei Jahre jünger. Julieta ist zehn Jahre alt, und Marco ist der jüngste. Er ist gerade sechs geworden. Die vier Geschwister leben mit ihren Eltern am Fuß des rauchenden Berges.

«He! Aufwachen!»

Edgar rüttelte Alfonso an den Schultern. Der brummte etwas Unverständliches, hustete und legte sich dann auf die andere Seite.

«Es wird Zeit.» Edgar schüttelte ihn heftiger. «Aufwachen, habe ich gesagt. Auch du, Julieta.»

Edgar beugte sich zu seiner Schwester hinüber und gab ihr einen leichten Stoß.

«Ist doch immer dasselbe mit euch. Vater ist schon oben auf dem Berg. Beeilt euch!»

Alfonso bekam einen Hustenanfall. Dann war er wach. Der Wind, der vom Hafen kam, drückte den Rauch vom Müllberg in ihre Hütten. Wenn der Wind so stand, bekam Alfonso immer seine Anfälle.

Von dem Husten wurde auch seine Mutter wach.

«Ich koche euch noch einen Kaffee», sagte sie. «Aber dann müßt ihr gehen. Es wird schon Mitternacht sein. Die Nachtschicht hat längst begonnen.»

Sie gab Julieta einen Kuß auf die Stirn.

«Aufwachen, mein Kätzchen», sagte sie sanft. «Die anderen sind schon oben auf der Halde.»

Julieta gähnte und rekelte sich. «Ich habe Hunger», sagte sie verschlafen.

«Hunger, Hunger», knurrte Edgar. «Zu essen gibt es erst was, wenn du genug gesammelt und verkauft hast.»

«Nicht so laut!» flüsterte die Mutter. «Ihr weckt sonst Marco noch auf.»

Marco lag in einer Ecke. Er war noch zu klein, um nachts mit auf den Müllberg zu gehen. Die Mutter goß etwas Wasser aus dem Kanister in eine Blechdose und stellte sie auf den Kerosinkocher. Dann gab sie Kaffee dazu. Als das Wasser kochte, hob sie die heiße Dose mit einem Lappen von der Flamme und goß den Kaffee in drei Becher.

«Hier, trinkt! Aber beeilt euch! Es ist wirklich schon sehr spät.»

Als Edgar, Alfonso und Julieta den Kaffee heruntergeschlürft hatten, holten sie ihre Werkzeuge unter den Stufen hervor, die zur Hütte hinaufführten. Jeder von ihnen hatte einen Kalahig, den Grabehaken, und einen Buso, den Korb. In den taten sie alles hinein, was sie fanden. Und wenn sie nachts arbeiteten, mußten sie auch noch ihre Öllampen mitnehmen. Die hatten sie sich aus alten Konservendosen gebastelt.

Die drei machten sich auf den Weg. Es war nur ein enger Gang, der zwischen den Hütten hindurchführte. Dort, wo sie aufhörten, lag ein breiter Graben. Er stank entsetzlich. Vereinzelt erkannten sie dunkle Schatten, die entlang der Kloake hockten. Dies war die einzige Stelle, wo die Menschen ihre Notdurft verrichten konnten. Eine Toilette gab es in der gesamten Siedlung nicht.

Als sie die Brücke, die über den Graben führte, erreicht hatten, hielt Edgar seine Lampe hoch. Julieta und Alfonso sollten sehen können, wohin sie traten, denn die Brücke war nichts anderes als ein schmales Brett. Wenn man die Mitte erreicht hatte, begann es stark zu wippen, und man mußte aufpassen, daß man nicht den Halt verlor.

Hinter dem Graben begann der Berg. Steil führte ein Trampelpfad hinauf. Plötzlich rutschte Alfonso auf etwas Glitschigem aus. Im Fallen konnte er sich noch abstützen, doch da spürte er einen stechenden Schmerz in der linken Hand. Seine Lampe war bei dem Sturz ausgegangen.

«Verdammter Mist!» schimpfte er.

Edgar kam mit seiner Leuchte. Alfonso hielt seine Hand in das trübe Licht. Er war in eine Glasscherbe gefallen. Aus dem Schnitt quoll Blut.

«Leck es ab!» befahl Edgar. «Und dann weiter! Wir sind schon spät dran.»

Ein beladener Lastwagen schob sich mit heulendem Motor die Halde hinauf.

«Jetzt aber schnell!» mahnte Edgar. Er hatte schon viele Jahre auf dem Berg gearbeitet und hatte die meiste Erfahrung. Wenn ein Lastwagen kam, mußte man sich beeilen. Denn wer als erster kam, konnte auch am meisten finden. Die drei rannten so schnell sie konnten. Gerade als sie oben ankamen, schwenkten die Lichtkegel der Scheinwerfer um die Kurve. Dann hatte der Lastwagen sie erreicht. «Jetzt!» schrie Edgar.

Alfonso und Julieta sprangen hinter dem Wagen her, bekamen die Stange zu fassen und zogen sich hinauf. Edgar half Julieta im Laufen noch etwas nach. Dann schwang er sich selber hoch. Die drei mußten sich gut festhalten, während sie sich an der Ladeklappe hochzogen, denn der Wagen schaukelte von einer Seite auf die andere. Schließlich hatten sie es geschafft. Sie ließen sich oben auf den Müll fallen. Dann begannen sie gleich mit der Arbeit. Denn jetzt, bevor der Fahrer den Müll ausgekippt hatte, konnten sie noch am meisten finden. Die besten Stücke legten sich die Lastwagenfahrer allerdings immer schon selber zur Seite.

Inzwischen waren auch noch andere Kinder auf den Wagen geklettert. Eifrig fingen sie an, mit ihren Grabestöcken im Müll herumzustochern. Mit einem Ruck hielt der Wagen an. Dann begann sich die Ladefläche zu neigen. Der Müll geriet ins Rutschen. Erst stoßweise, dann fiel er polternd herunter. Und mit ihm die Kinder.

«Meine Knie», wimmerte Julieta, als sie sich wieder aufgerichtet hatte.

«Heute arbeite ich wohl nur mit Verletzten.» Edgar lachte. Dann fuhr er Julieta über die Haare.

«So schlimm wird's wohl nicht sein. Gib mir deine Lampe. Ich zünde sie dir wieder an.»

Jetzt begann die eigentliche Arbeit. Überall durchstöberten kleine Gruppen den Müll. Irgendwo in der Dunkelheit arbeitete auch ihr Vater. Die drei ließen das Licht ihrer Lampen über den neu aufgeschütteten Müllhaufen gleiten. Sie sammelten alles, was noch irgendwie verwertbar war und was man dem Aufkäufer bringen konnte: Scherben, Kronenkorken, Knochen, Holz, Papier, Pappe, Drahtstücke oder gar Metallteile. Manchmal fanden sie auch ein Stück angeschimmeltes Brot oder zerdrücktes Obst. Aber das war selten. Noch seltener entdeckten sie einen Schuh, eine zerbrochene Thermosflasche oder andere Dinge, die man noch gebrauchen konnte. Edgar hatte sogar einmal einen bunten Wasserball gefunden. Aber davon erzählte er schon, soweit sich Julieta zurückerinnern konnte. Es mußte schon so lange her sein, daß sie sich gar nicht sicher war, ob die Geschichte überhaupt stimmte. Jedenfalls hatte sie noch nie einen Wasserball in ihrem Leben gesehen. Aber nach Edgars Erzählungen mußte es etwas ganz Besonderes sein.

Als sich die Sonne am Morgen über den Horizont schob, war die Nachtschicht zu Ende. Die Leute vom rauchenden Berg hatten jeden Tag in drei Schichten eingeteilt: Die erste war morgens, die zweite nachmittags bis abends und die dritte nachts. Ein bestimmter Wohnbezirk übernahm immer eine Schicht. Die Nachtschichten waren angenehmer, denn da war es nicht so heiß wie am Tag. Dafür war es im Dunkeln schwieriger, etwas Brauchbares zu finden. Tagsüber konnte man viel mehr sehen, aber es war fürchterlich heiß. Von oben stach die Sonne. Und von unten brannte der Müll, der sich durch die Hitze entzündet hatte.

Edgar, Alfonso und Julieta stiegen die Halde hinunter. Julieta schwankte in den Knien. Edgar half ihr, ihren Korb zu tragen. Erschöpft kamen sie beim Händler an. Der sah sich an, was sie ihm brachten, und zahlte das Geld aus. Viel war es nicht, was er ihnen in die Hand zählte. Julieta erhielt 10 Pesos, Alfonso 15 und Edgar 19.*

«Nicht mehr?» knurrte Edgar.

* etwa DM 1,20, DM 1,80 und DM 2,28

«Du spinnst wohl», fuhr ihn der Händler an. «Meinst du etwa, ich bestimme den Preis?»

Er trat mit dem Fuß gegen einen Korb mit Glasscherben.

«Was ich dafür bekomme, wenn ich es weiterverkaufe, bestimmt der Zentralaufkäufer. Und der bekommt seine Preise von ganz oben diktiert. Weißt du, wer in Wirklichkeit an dem Müll verdient?» Der Händler spuckte verächtlich in den Korb. «Das ist der Bruder des Militärchefs höchstpersönlich. Die da oben machen auch noch ihr gutes Geschäft mit dem Müll. Das kannst du mir glauben. Aber unsereins muß die Drecksarbeit machen und bis zu den Knöcheln im Mist herumwaten. Die feinen Herren in ihren Villen kennen doch gar nicht den ewigen Qualm hier. Die haben doch noch nie so einen Gestank gerochen.» Er lachte bitter. «Die würden doch sofort kotzen oder umfallen und nie wieder aufstehen.»

Edgar, Alfonso und Julieta standen noch immer vor ihm und sahen ihn erwartungsvoll an.

«Jetzt geht endlich!» fuhr sie der Aufkäufer an. «Ich habe euch doch gesagt: mehr gibt's nicht.»

In der nächsten Woche übernahmen die Leute im Wohnbezirk der drei die Morgenschicht. Da mußte man sich besonders vor den großen Bulldozern in acht nehmen. Wenn die erst mal über den frisch abgekippten Müll gefahren waren, war alles so fest, daß es schwierig wurde, etwas zu finden. Darum versuchte Edgar immer, ihnen zuvorzukommen. Wie eine aufgescheuchte Ratte sprang er vor dem Schieber des Bulldozers her und holte sich alles Brauchbare aus dem lockeren Müll. Wenn der Schieber zu nahe kam, mußte er schnell zur Seite springen. Für Julieta und Alfonso war das zu gefährlich. Sie liefen hinter den Bulldozern her. Aber ihre Ausbeute war darum auch viel schlechter.

Plötzlich hörte Alfonso einen Schrei. Durch das Dröhnen des Motors war er nur schwach zu vernehmen. Aber Alfonso meinte, Edgars Stimme erkannt zu haben. Er lief um den Bulldozer herum und sah, wie Edgar seinen rechten Fuß aus einem

Loch hob. Aus dem Loch drang Qualm. Edgar fluchte und hielt sich seinen Fuß. Die Haut war verbrannt. Edgar richtete sich langsam auf. Alfonso und Julieta stützten ihn ab. Dann humpelte Edgar den Hügel hinunter, und seine beiden Geschwister brachten ihn zu ihrer Hütte.

«Du mußt ins Krankenhaus», sagte Alfonso.

«Wer soll denn das bezahlen?» Edgar verzog vor Schmerzen sein Gesicht.

«Man kann zwar von hier oben genau drauf blicken, aber für unsereins ist das nicht. Das ist nur für Leute, die auch zahlen können.»

Arbeiten konnte Edgar heute nicht mehr. Und wer wußte, ob er es in den nächsten Tagen wieder können würde? Die ganze Familie machte sich Sorgen um ihn und um den Verdienstausfall. Denn gewöhnlich brachte Edgar 20 Pesos am Tag mit nach Hause. Die würden jetzt fehlen. Sie würden es alle zu spüren bekommen.

Jetzt mußten die anderen noch eifriger suchen. Alfonso wußte, daß es darauf ankam, Dinge zu finden, für die der Aufkäufer mehr bezahlte.

Zum Beispiel Zink oder Kupferdraht. Den fand man vor allem dort, wo die Flammen züngelten. Das Feuer schmorte das Plastik vom Kabel ab, und der Kupferdraht wurde sichtbar. Dort, wo einem das Feuer unter den Füßen brannte, hatte man die besten Chancen. Aber es war dort nicht ungefährlich. Alfonso wollte es versuchen. Er sonderte sich von den anderen ab und ging zu den Stellen, wo der Müll brannte.

Vorsichtig setzte er einen Schritt vor den anderen. Dabei grub er mit seinem Kalahig den Müll um. Plötzlich blieb ein Draht an dem Eisenhaken hängen. Alfonso zog. Der Draht wurde lang und länger. Dann hakte er. Der muß ja riesig sein, staunte Alfonso.

Er bohrte mit dem Kalahig an jener Stelle, wo der Draht festsaß. Und dann stieß er auf eine kleine Kabelrolle. Das Feuer hatte das Plastik schon fast abgeschmort. Alfonso riß die

Rolle mit einem festen Ruck aus dem Müll. Er glaubte, seinen Augen nicht zu trauen. So ein großes Stück hatte er noch nie gefunden. Dafür würde der Händler ihm bestimmt... Alfonso überlegte. Bestimmt 30 Pesos würde er ihm dafür geben. Oder vielleicht sogar noch etwas mehr. Das wären drei ganze Tagesverdienste.

Vielleicht würde das Geld ausreichen, damit Edgar sich im Krankenhaus behandeln lassen könnte. Er mußte sofort zum Händler laufen.

Als Alfonso bei ihm ankam, legte er ihm stolz den Draht vor die Füße.

«Nicht schlecht», lobte der Händler. «Wirklich nicht schlecht. Da hast du einen guten Fang gemacht.»

«Und wieviel geben Sie mir dafür?» fragte Alfonso aufgeregt.

Der Mann legte seine Stirn in Falten.

«Zunächst einmal gar nichts», antwortete er. «Laß es mal hier. Ich werde versuchen, es beim Zentralaufkäufer loszuwerden. Vielleicht kann ich einen guten Preis herausschlagen. Aber bevor ich mir nicht sicher bin, kann ich dir kein Geld geben.» Er nahm das Drahtknäuel und warf es in einen Korb. «Du kannst in den nächsten Tagen einmal nachfragen.»

Alfonso stieg enttäuscht auf den Müllberg zurück. Inzwischen waren Julieta, Marco und andere Kinder an jener Stelle, wo das Feuer brannte. Sie hatten einen toten Hund gefunden. Wie lange er schon dort gelegen hatte, wußten sie nicht. Aber sie merkten, daß er bereits stank. Die Kinder hatten ihm das Fell abgezogen und ihn über das Feuer gelegt. Mit einer Scherbe hatte sich jedes von ihnen ein Stück Fleisch herausgeschnitten. Schweigend setzte sich Alfonso zu ihnen. Ihm drehte sich der Magen um. Er hatte Hunger, großen Hunger sogar, aber er mochte nichts von dem Fleisch anrühren.

Ein Junge hatte einen gesprungenen Plastikeimer gefunden. Er begann einen schnellen Rhythmus auf dem Eimerboden zu trommeln. Ein anderer hatte Kronkorken in eine Konservendose geschüttet und begleitete den Trommler mit seiner Rassel. Die anderen Kinder klatschten in ihre Hände und warteten, bis der Rest des Fleisches gar wurde.

Da kam der alte Serapion auf sie zu. Wie alt er wirklich war, wußte keiner so genau. Aber er erzählte gerne von früher. Und das mußte, so meinten die Kinder, schon lange her sein. Sie hörten ihm gern zu, und er freute sich, wenn er aufmerksame Zuhörer hatte.

Als er sie erreicht hatte, sog er den Geruch des Fleisches ein und rümpfte seine Nase.

«Kannst gern ein Stück haben», sagte Julieta. «Aber du mußt uns eine Geschichte von früher dafür erzählen.»

«Nee, nee», antwortete der alte Serapion, «daß wir heute schon...» Er unterbrach sich und setzte sich zu ihnen. «Dann gebt mir mal ein Stück.»

Als er es in der Hand hielt, verzog er wieder das Gesicht, doch dann schloß er die Augen und begann zu kauen. Er hielt sie geschlossen, auch noch, als er das Fleisch längst heruntergeschluckt hatte.

«Jetzt erzähl uns aber was», drängte Julieta.

Serapion öffnete langsam die Augen.

«Vor ein paar Jahren war alles noch ganz anders», begann er. «Schaut da drüben, den Hafen. Da habe ich gearbeitet. Am Pier hatte ich mit meiner Frau einen kleinen Stand. Und sogar Strom gab es da. Auf einem Elektrokocher haben wir Reis und Soße gekocht und den Reisenden verkauft. Und was für Soßen meine Frau kochen konnte, als sie noch lebte! Soßen wie...» Er hielt inne, weil ihm kein Vergleich einfallen wollte. «Es waren einfach die besten Soßen im ganzen Hafen.»

Ein verschmitztes Lächeln legte sich um Serapions Mund.

«Und den Strom haben wir heimlich von einer Leitung abgezapft. Nur der verfluchte Kocher ging immer kaputt. Fast jede Woche mußte ich ihn auseinandernehmen und reparieren. Ich konnte es hinterher schon mit geschlossenen Augen.»

Er lachte. Die Kinder lachten mit.

«Ja, so war das. Bis eines Tages alle Händler aus dem Hafen vertrieben wurden. Es wurden Verkaufshallen errichtet, die nur noch von Großlieferanten versorgt werden durften. Das war das Ende für meine Frau und für mich. Für alle Händler im Hafen. Und wir waren viele. Da mußten wir es woanders versuchen. Aber überall, wo wir hingingen, waren bereits andere. Und wir waren nicht mehr so flink wie die Jungen. Schließlich landeten wir hier auf dem rauchenden Berg.»

«Und deine Frau?» wollte Julieta wissen. «Was ist mit der? Du lebst doch allein.»

Die Augen des alten Serapion wurden matt und traurig. Er seufzte tief.

«Das ist eine neue Geschichte», sagte er. «Die erzähle ich euch ein anderes Mal.»

Die Regenzeit setzte ein. Heftige Güsse kamen vom Himmel. Das Wasser drang durch die Dächer, durch die Wände und weichte die Wege zwischen den Hütten auf. Es wurde immer schwieriger, durch den Morast zu kommen. Das Wasser stieg von Tag zu Tag. Vom Graben her trieb das Wasser den Kot der Menschen zwischen und unter die Hütten. Zum Glück waren die meisten Hütten auf Pfählen errichtet.

Von Tag zu Tag blickte Alfonsos Vater sorgenvoller zum Berg hinauf. Eines Morgens regnete es so heftig, daß er gar nicht bis oben hin sehen konnte. Aber es war merkwürdig still. Kein Motorengeräusch war zu vernehmen. Der Vater nahm Edgar, dessen Fuß schon fast wieder verheilt war, und machte sich mit ihm auf den Weg zur Halde.

«Ihr seid verrückt», rief ihnen die Mutter noch hinterher.

Aber das konnten sie nicht mehr hören.

Schon nach kurzer Zeit kamen die beiden wieder zurück. Sie waren bis auf die Haut durchnäßt.

«Man kommt nicht hinauf», sagte der Vater düster. «Und die Lastwagen schaffen es auch nicht. Es ist einfach zu glitschig an der steilen Auffahrt. Jetzt sind sie woanders hingefahren.»

Er schleuderte seinen Grabehaken aus der Hütte. Er fiel klatschend ins Wasser.

«Jetzt haben wir gar nichts mehr», sagte die Mutter leise. «Nicht einmal den Müll.»

Edgar saß auf den Eingangsstufen. Er stierte auf die Tropfen, die vom Blechdach herunterfielen. Sie platschten ins Wasser, das sich um ihre Hütte gesammelt hatte.

«Zählst du die Regentropfen?» Alfonso trat aus der Hütte heraus.

«Red nicht so'n Quatsch», knurrte Edgar mürrisch. «Ich überlege, wie ich an das verdammte Zeug komme.»

«An was?» Alfonso setzte sich zu ihm auf die Stufen.

«An was schon! An Kleister natürlich. Wenn man den schnüffelt, geht wenigstens der Hunger weg.»

«Kleister!» Alfonso spuckte das Wort wie ein ausgekautes Stück Zuckerrohr aus. «Wovon willst du denn den bezahlen?»

«Weiß nicht», knurrte Edgar. «Vielleicht gehe ich zum Quiapo-Markt. Da gibt es bestimmt immer eine Gelegenheit, was zu besorgen.»

Alfonso wußte, was Edgar mit «besorgen» meinte. Aber er schwieg.

Eine Zeitlang saßen sie nebeneinander und stierten gemeinsam auf die Tropfen, die ins Wasser fielen und immer größere Kreise zogen.

«Weißt du, wie man einen Schalter einbaut?» fragte Alfonso plötzlich.

«Einen was?» Edgar glaubte sich verhört zu haben.

«Einen Elektroschalter», wiederholte Alfonso.

«Wovon du schon wieder faselst.» Edgar spuckte ins Wasser. «Wo einbauen?» fragte er nach einer Weile.

«An eine Kochplatte», antwortete Alfonso.

«Du spinnst wirklich.» Edgar lachte gekünstelt. «Wieso fragst du?»

Alfonso sprang auf und stieg ins Wasser hinunter. Dann zog er seinen Kopf ein und watete unter die Hütte. Nach einer

Weile kam er zurück. In seiner Hand hielt er einen emaillierten Blechkasten.

«Tatsächlich. Eine Kochplatte», staunte Edgar. «Schön viel Metall. Dafür wird dir der Händler ein paar Pesos geben.»

«Aber er bekommt sie nicht.»

«Jetzt spinnst du völlig.» Edgar schaute seinen Bruder mitleidig an, als ob ihm der Regen den Verstand ausgewaschen hätte.

«Da unten habe ich noch mehr versteckt», fuhr Alfonso fort. «Immer wieder ist mal so was im Müll. Mal eine Platte. Mal nur ein Blechgehäuse. Oder mal ein Schalter.»

«Und das verkaufst du nicht?»

Edgar sah ihn vorwurfsvoll an. Alfonso schüttelte den Kopf.

«Wenn man genügend zusammen hat, ist die Auswahl groß genug, und es paßt was zusammen. Dann könnte man die Teile zusammensetzen und hätte einen neuen Kocher. Den könnte man dann wirklich gut verkaufen.» Alfonso machte eine Pause. «Wenn ich nur wüßte, wie man die Teile zusammenbaut.»

Edgar staunte. «Gar nicht so schlecht. Hätte ich dir wirklich nicht zugetraut. Zeig mal, was hast du denn sonst noch alles gesammelt?»

Alfonso führte Edgar unter die Hütte und zog eine Kiste mit verschiedenen Schaltern hervor. Sie tropften vor Nässe. Und dann zeigte er ihm die Stelle, wo er die Kochplatten versteckt hatte.

«Nicht übel», lobte Edgar. Er betrachtete alle Teile ganz genau. Dann schüttelte er den Kopf. «Keine Ahnung», sagte er. «Die kann ich nie und nimmer zusammenbauen.»

«Ich weiß aber, wer das kann.» Das war Julietas Stimme. Sie kam von oben durch den geflochtenen Boden der Hütte. Julieta war neugierig geworden, was ihre beiden großen Brüder unter der Hütte trieben, und hatte sich auf den Boden gelegt. Durch einen Schlitz hatte sie die beiden beobachtet. «Der alte Serapion», sagte Julieta.

«Mensch!» Alfonso schlug sich mit der Hand vor die Stirn.

«Daß ich nicht selbst darauf gekommen bin! Der hat doch davon erzählt, wie er früher seinen Kocher im Hafen immer repariert hat.»

«Und daß er es schon mit geschlossenen Augen gekonnt hätte», ergänzte Julieta.

«Na, na», winkte Edgar ab. «Ob der nicht zu dick aufgetragen hat? Aber kommt! Wir werden jetzt zu ihm gehen.»

Die drei wateten durch das Wasser zur Hütte des Alten. In ihren Händen trugen sie die Teile, die Alfonso in der letzten Zeit gefunden hatte. Als er Serapion von seiner Idee berichtete, kam der Alte aus dem Staunen nicht mehr heraus. Er war begeistert. Sofort machte er sich an die Arbeit. Er schraubte Schalter auseinander, bog Drähte und schloß sie an. Dabei hatte er wieder seine lustigen Falten um die Augen, die die Kinder schon lange nicht mehr bei ihm gesehen hatten. Er hatte das Gefühl, daß es wie früher war.

«Wie lange dauert das denn noch?» Julieta wurde langsam ungeduldig.

«So schnell geht das nicht. Vor allem, wenn alles schon etwas angerostet ist.»

«Dann erzähl uns dabei eine Geschichte», drängte Julieta. «Du weißt schon, so eine von früher.»

Der alte Serapion ließ sich nicht zweimal bitten. Er erzählte für sein Leben gern, besonders seitdem seine Frau gestorben war und er allein wohnte.

«So lange ist das noch gar nicht her», begann Serapion. «Ein paar Jahre erst. Es war 1981. Da kamen eines Morgens Militärlastwagen. Und viele von uns wurden aufgeladen. Meine Frau und ich waren auch dabei. Dann ging es los. Immer nach Norden. Etwa 40 Kilometer weit. Wo die Wagen hielten, wuchs kaum etwas. Und ihr glaubt mir nicht, was wir da vor uns sahen.»

Der Alte blickte einen Augenblick von der Arbeit auf und sah die Kinder erwartungsvoll an. «Na? Ach, ihr kommt ja doch nicht drauf. In der gleißenden Sonne blinkten viele hundert kleine Metallquadrate. Ein wellblechgedecktes Toilettenhäuschen neben dem anderen. Soweit das Auge blickte: Plumpsklo an Plumpsklo. Ungefähr ein Meter mal ein Meter breit, und vielleicht zwei Meter hoch. Erst rieben wir uns die Augen und mußten lachen. Doch dann blieb uns das Lachen im Halse stecken. Neben den Toilettenhäuschen sollten wir uns neue Unterkünfte bauen. Und wir sollten für alles auch noch bezahlen. Nur wovon? Wir konnten uns ja nicht einmal Bretter für neue Hütten kaufen. Und zu essen hatten wir auch nichts. Man gab uns ein Kilogramm Reis und zwei Dosen Sardinen. Aber nach drei Tagen war nichts mehr davon übrig. Und Arbeit gab es dort auch nicht. Um zurück nach Manila zu gelangen, mußte man zwei Stunden mit dem Bus fahren. Das kostete sieben Pesos. Stellt euch vor: sieben Pesos. Hin und zurück das Doppelte. Aber darüber hatte die Stadtverwaltung sich keine Gedanken gemacht. Man wollte uns nur los sein, denn der neue Hafen sollte gebaut werden. Und da waren die Menschen im Weg. Darum hat man uns nach Sapang Palay geschafft. Einfach weggeräumt hat man uns. So, als ob wir selber Müll wären. Und wir konnten dort doch nicht leben. Auf dem Boden wuchs nichts. Nichts gab es dort. Wirklich nichts. Nicht einmal Müll. Das einzige, was wir hatten, waren Toilettenhäuschen, aber nichts zum Reintun. Die Luft war in Sapang Palay zwar besser als hier auf der Halde, aber frische Luft kann man nicht essen. Darum kamen die meisten wieder hierher zurück.»

Der alte Serapion legte eine Kochplatte beiseite. Das erste Gerät war fertig. Doch bevor er sich das nächste vornahm, legte er seine Hände kurz in seinen Schoß.

«Aber für meine Frau war es schon zu spät. Sie starb, weil wir einfach nichts zu essen hatten. So waren die Zeiten damals. Und bis heute hat sich kaum etwas geändert.»

Die drei hatten gebannt zugehört. Erst jetzt bemerkten sie, daß der Kocher wieder in Ordnung war.

«Wenn wir den verkaufen, bringt das mehr ein, als wenn wir den Schrott zum Händler gebracht hätten.»

Alfonso war begeistert.

Der alte Serapion klopfte mit der Hand auf das fertige Teil. «Seht ihr, ich hab es noch nicht verlernt», sagte er stolz.

«Baust du uns jetzt immer alle Teile zusammen, die wir finden?» fragte Alfonso. «Vom Erlös bekommst du natürlich deinen Teil ab.»

Serapion nickte. «Zunächst einmal», sagte er.

«Und dann nicht mehr?» Alfonso bekam einen Schrecken.

«Dann nicht mehr», bestätigte der alte Serapion und lächelte dabei. «Denn dann habe ich euch gezeigt, wie man es macht, und ihr könnt es selbst.» Alfonso atmete erleichtert auf.

«Warte nur, bis der Regen vorbei ist und die Lastwagen wieder kommen. Dann bringen wir dir alte Teile in Hülle und Fülle.»

«Na, na.» Serapion hob seinen rechten Zeigefinger hoch. «Ein bißchen Glück gehört schon dazu.»

«Das haben wir bestimmt», entgegnete Alfonso.

«Und dann errichten wir eine kleine Kochplattenfabrik», lachte Julieta.

Und noch während sie ihre Scherze machten, hatte Serapion schon den zweiten Kocher repariert.

Entwicklungshilfe, ein eigenes Interesse

Zahlreiche Menschen wurden auf den Philippinen aus ihren Wohnungen vertrieben und in Geisterstädte wie Sapang Palay umgesiedelt. Das war immer dann der Fall, wenn die Armen den Interessen der Reichen im Wege standen. Die Geldgeber und Helfer des Marcos-Regimes mußten sich immer bessere Antworten auf unbequeme Fragen ausdenken. Dies galt natürlich dann besonders, wenn sie ihre Unterstützung auch noch als «Entwicklungshilfe» ausgaben.

Der wichtigste Geldgeber für solche Umsiedlungsaktionen war die Weltbank. Aber auch das bundesdeutsche Ministerium für wirtschaftliche Zusammenarbeit (BMZ) stellte Millionen bereit und nannte die Aktion *Entwicklungshilfe*.

Schon 1969 hatte das BMZ riesige Summen für die Modernisierung des Hafens von Manila zur Verfügung gestellt – jedenfalls so lange, wie die Filipinos bereit waren, davon Hafenkräne bei deutschen Firmen zu kaufen. Inzwischen ist das Programm mit 12,5 Millionen DM abgeschlossen.

Doch schon bald sollte ein noch modernerer Hafen gebaut werden, in dem auch Containerschiffe be- und entladen werden konnten. Der Plan dazu wurde mit deutschen Geldern erstellt. Was man allerdings unberücksichtigt ließ: Auf dem vorgesehenen Gelände lebten damals bereits 30000 Menschen. Für die notwendige Straße vom Hafen zum Industriegebiet Nord-Manilas mußten nochmals Tausende von Hütten weichen.

Das Problem sollte durch Umsiedlungen gelöst werden. Das BMZ sagte 1980 12 Millionen Mark zu. Der Haken aber war, daß von vornherein klar war, daß die Umsiedler niemals die Mieten oder gar Kaufraten für die neuen

Grundstücke und Hütten würden aufbringen können. Wie sollten Familien mit einem Tageseinkommen zwischen 50 Pfennig und 3 Mark auch nur die billigsten Häuser für immerhin 800 US-Dollar je abzahlen?

Schildbürgerstreich? Vergeßlichkeit? Gedankenlosigkeit? Sicherlich nicht!

Ursache für die bundesdeutsche Unterstützung solcher Programme ist das «wohlverstandene Eigeninteresse» der Bundesrepublik. Demzufolge beschafft «jede Mark Entwicklungshilfe rund 1,15 DM an Aufträgen für die deutsche Industrie» (Minister Warnke). Kein Wunder, daß die Deutschen beim Ausbau des Hafens hilfsbereit Millionen gaben.

Viel zu spät machte man sich Gedanken, was mit den Menschen passieren würde, die beim Ausbau im Wege waren. Und niemand interessierte sich für das Schicksal jener Menschen, die bisher im Hafen Gelegenheitsarbeiten fanden und mit der neuen Containerverladung arbeitslos wurden.

Weil sich die Menschen gegen ihre Umsiedlung wehrten, bot das BMZ 1984 an, auch die «direkten Transportkosten» zu übernehmen. Das Ergebnis: Bundesdeutsche Steuergelder für Militärlastwagen, die Menschen aus ihren Wohngebieten fortschaffen.

(Nach *terre des hommes* 3/1985)

Am Zucker klebt Blut

Die Umrisse der Insel Negros tauchen grau aus dem Morgennebel auf, erst nur schemenhaft, dann immer klarer. Die dunklen Berge im Inneren der Insel heben sich von Minute zu Minute deutlicher vom fahlen Himmel ab. Majestätisch zeigt sich der Vulkan Kanla-on, als die Sonne aufgeht.

Eine alte philippinische Legende berichtet, daß eines Tages ein Fremder zu den Hängen des Vulkans kam, um Gold zu suchen. Er wanderte an seinem Fuß entlang und schlug gelegentlich Markierungen in den Boden. Da schoß ein großes schwarzes Pferd aus dem Krater des Vulkans. Auf ihm saß ein Reiter, so groß wie ein Riese. Es war der König des Berges selbst. Das Pferd fraß alle Markierungen auf. Dann sagte der Reiter zu dem Fremden: «Ich werde diesen Berg nicht mit dir teilen. Selbst dann nicht, wenn du mir zwei von euren Ländern dafür versprechen würdest.»

Diese Geschichte hörte Nicolas Loney, als er am 29. Juli 1856 auf der Nueva Rosita langsam im toten Wind nach Iloilo segelte, der Hafenstadt von Negros und Panay.

Der britische Kolonisator schrieb in sein Tagebuch, daß riesige Fischschwärme den ganzen Tag das Schiff begleiteten und im Wasser glänzten und daß der Berg Kanla-on fortwährend Qualm ausspuckte. Der Vulkan erhebe sich über die ganze Insel mit ihren blauen Bergen. Es sei ein großartiges Bild.

Als er zwei Tage später mit seinem Schiff in Iloilo anlegte, fand er dort eine blühende Stadt vor. Es war eine der aufregendsten Städte der neuen Welt und vergleichbar mit Sydney, Chicago oder Buenos Aires. Die Stadt hatte eine Werft, einen Fischereihafen, und die Bauern auf dem Land konnten mit ihren Reisernten zufrieden sein.

Aber das Wichtigste war die Textilindustrie. Hier befand sich eines der Textilzentren der Welt. Überall in der Stadt gab es kleine Manufakturen, in denen an über 80000 Webstühlen gearbeitet wurde. Loney berichtete, daß fast jede Familie einen oder zwei dieser Bambuswebstühle besäße. Es gebe sogar Leute, die sechs oder gar ein Dutzend dieser Geräte hätten. Die Stoffe aus Baumwolle, Seide und Ananasfasern, die hier hergestellt wurden, waren weltweit berühmt. Oft waren die Gewebe so fein, daß man einen ganzen Tag benötigte, um nur etwas mehr als einen Zentimeter zu weben.

Dreizehn Jahre nach seiner Ankunft hatte Loney alles zerstört: das dynamische Leben in der Stadt und ihre Wirtschaft der Eigeninitiative, die keinen Hunger kannte. An ihre Stelle setzte er ein Wirtschaftssystem in Kraft, das wenigen Reichen riesige Profite bescherte, die überwiegende Mehrheit der Menschen aber in zunehmende Armut stürzte.

Die Webstühle von Iloilo bildeten eine unliebsame Konkurrenz für die Textilindustrie im heimischen Manchester. Diese lästige Konkurrenz galt es auszuschalten. Da hatte Loney eine Idee. Es waren sogar zwei. In Europa wurde der Bedarf an Zukker immer größer, der fruchtbare Boden von Negros, so überlegte Loney, würde bestens geeignet sein, ihn anzupflanzen. Und Arbeitskräfte gab es auch genügend. Man müßte nur die Textilherstellung zerstören, und schon wären ausreichend Arbeiter für die Zuckerrohrplantagen vorhanden. Loneys Plan wurde immer ausgefeilter. Er studierte die Vorlagen und Muster der Webereien genau und zeichnete sie ab. Diese Zeichnungen bildeten sein wichtigstes Gepäck, als er wieder zurück nach Manchester reiste. Dort war er Agent für mehrere Textilfirmen. Er ließ in den Fabriken von Manchester die philippinischen Muster als billige Massenware von Maschinen nachmachen. Dann schickte er eine Schiffsladung der maschinell gefertigten Textilien direkt nach Iloilo.

Loneys Plan ging auf. So billig konnten die Weber von Iloilo die Stoffe nicht herstellen. Sie wurden ihre Ware nicht mehr los, mußten ihre Manufakturen schließen und waren arbeitslos. Mit einem Streich war die Konkurrenz der britischen Textilfabrikation zerstört und mit ihr eine Lebensweise, die sich über Generationen entwickelt hatte. Während die Philippinen bisher zahlrei-

che Stoffe ausgeführt hatten, mußten sie bereits zwanzig Jahre später so viele Textilien einführen, daß sie die Hälfte der gesamten Einfuhren ausmachten.

Jetzt setzte der zweite Teil von Loneys Plan ein. Er verschiffte Kohlen und Maschinen nach Panay und Negros. Sie sollten dort bei der Verarbeitung des Zuckerrohrs eingesetzt werden. Das wurde jetzt auf weiten Flächen angebaut, denn nachdem die Textilmanufaktur zerstört war, gab es Arbeitskräfte in Hülle und Fülle. Die Großen unter den ehemaligen Webstuhlbesitzern schienen Loney besonders dazu geeignet, den Plan vom Aufbau riesiger Zuckerrohrplantagen zu verwirklichen. Er machte ihnen Appetit auf schwindelerregende Gewinne und gewährte ihnen Ernteanleihen. Er gab ihnen sogar Maschinen zu günstigen Bedingungen. Die Schulden mußten sie nach und nach mit Zuckerrohr begleichen.

Mit ihnen und mit ihren Privatarmeen besiedelte Loney Negros rund um den Kanla-on. Die Menschen aber, die dort bisher gelebt hatten, wurden gewaltsam vertrieben. Loney selbst erwarb eine riesige Hacienda in der Nähe der Stadt Talisay. Auf ihr errichtete er die erste dampfbetriebene Zuckerrohrmühle auf Negros.

Bei Loneys Tod hatte sich bereits eine kleine Schicht von Plantagenbesitzern gebildet und eine Masse verarmter Zuckerrohrarbeiter. Ausländische Firmen aber gaben den Ton an, und sie tun es heute noch. Sie legen nicht nur die Preise der Güter fest, die sie auf den Philippinen verkaufen, sie diktieren auch die Preise für das Rohmaterial, das sie vor Ort beziehen.

Vieles hat sich auf Negros verändert, seitdem Loney das erste Mal den Kanla-on sichtete. Noch heute steht er ruhig und erhaben. «Aber viele Reichtümer, auf die er einst blickte, sind lange dahin», sagen die Menschen auf Negros.

Aber die Insel ist eigentlich noch reich genug. In den Bergen werden Kupfer, Gold und Kohle abgebaut. Warme Quellen liefern billigen Strom. Klima und Boden bilden günstige Voraussetzungen für die Landwirtschaft.

Und trotzdem wird auf Negros gehungert. Auf der Insel herrschen Armut und Arbeitslosigkeit.

Die Menschen auf Negros haben auf diese Frage eine einfache Antwort: «Die Ursache für das Elend ist der Zucker. Am Zucker klebt Blut.»

Um sich die Bodenschätze aneignen zu können, jagten die multinationalen Konzerne mit großem militärischem Aufwand die Bewohner aus den Bergen. Im Küstengebiet blieb ihnen nichts anderes übrig, als sich selbst für Hungerlöhne den mächtigen ‹Zuckerbaronen›, den Hacienderos, zu verkaufen. Viele der Arbeiter und ihre Familien befinden sich in eine Art Leibeigenschaft.

Sie arbeiten auf den Plantagen der Großgrundbesitzer oder in den Zuckermühlen. In den ‹tiempos muertes›, der toten Jahreszeit, gibt es in der Woche höchstens ein oder zwei Tage Arbeit für die Arbeiterfamilien und deren Kinder. Das macht einen Monatsverdienst von rund 400 Pesos, also DM 48,– für die ganze Familie. Allein um genügend Reis kaufen zu können, wären aber 700 Pesos erforderlich.

Weil die Hacienderos nur Zuckerrohr anbauen lassen, sind Reis, Süßkartoffeln, Tapioka und Mais knapp und teuer. Selbst Zucker ist für die meisten Zuckerarbeiter nicht erhältlich oder unerschwinglich.

Die Arbeiter, Sacadas genannt, verdienen zwischen 26 Pesos (DM 3,12) und 19 Pesos (DM 2,28) am Tag, in manchen Gegenden sogar nur 6 Pesos (DM 0,72). Frauen und Kinder erhalten noch weniger. Sie bekommen für einen Tag harte Arbeit oft nur 2–3 Pesos (DM 0,24–0,36).

Nach Auskunft der Gewerkschaft der Zuckerarbeiter haben nur 40 Prozent der Familien die Möglichkeit, bei Krankheiten einen Arzt aufzusuchen. 60 Prozent ihrer Häuser bestehen aus einem einzigen Raum. 95 Prozent haben keine Toilette. Eine Durchschnittsfamilie von acht Personen besitzt fünf Teller, vier Trinkgläser, zwei Löffel, drei Kissen, zwei Decken, eine große Matte, einen Topf und ein Moskitonetz.

Von November bis August herrscht auf Negros normalerweise Betriebsamkeit. Dann wird das Zuckerrohr geschlagen und in die Mühlen gefahren. Aber 1985 fand die Saison bereits im April ein jähes Ende. Die Weltmarktpreise für Zucker rutschten auf einen nie gekannten Tiefstand: Während 1974 noch 65 US-Cent für ein Pfund Zucker bezahlt wurden, waren es 1984 nur noch 14 und 1985 noch ganze 4 Cent. Für die Großgrundbesitzer lohnte sich der Anbau von Zucker kaum noch. Viele ließen bis zur Hälfte ihrer Felder brachliegen.

Für viele Sacadas bedeutete der April das Ende. Allein im Westen der Insel wurden über 200 000 Arbeiter entlassen. Die Familien wissen nicht mehr, wovon sie ihren Reis kaufen sollen. Darum herrscht heute Hunger auf Negros. Als Folge der Unterernährung haben drei von fünf Zuckerarbeitern Lungenkrankheiten. Kinder sind besonders betroffen.

Fast zwei Drittel aller Kinder der größten Stadt Bacalod sind unter- und fehlernährt. Viele von ihnen sterben. Viele Familien haben zwei Kinder oder mehr verloren. Eines von ihnen war Joel Abong. Er starb am 5. Juli 1985, als er gerade sieben Jahre alt war. Unterernährung, lautete seine Todesursache. Joels Vater war einer von Tausenden ehemaliger Zuckerarbeiter, die die wirtschaftliche Krise in der Zuckerindustrie in die Elendsviertel von Bacalod getrieben hatte.

Die Gewerkschaft der Zuckerrohrarbeiter fordert darum von den Hacienderos, ihren Arbeitern Land für den eigenen Nahrungsmittelanbau zur Verfügung zu stellen. Doch die meisten Hacienderos lassen ihr Land lieber brachliegen, als es den hungernden Arbeiterfamilien zur landwirtschaftlichen Nutzung zu geben. Die Forderungen und Proteste der Bevölkerung beantworten sie mit Gewalt.

Auch nachdem Ferdinand Marcos die Philippinen verlassen mußte, hat sich an diesen Zuständen kaum etwas geändert. Immer noch müssen die Bewohner von Negros mit Übergriffen des Militärs rechnen. Immer noch erhalten die Sacadas keine ausreichenden Löhne. Immer noch hungern viele Menschen.

Der Weg führte ständig bergauf. Zwischen den grünen Zuckerrohrfeldern leuchtete er wie ein rotgelbes Band in der Mittagssonne. Aber Rodrigo und Allan bemerkten weder die Hitze noch den Anstieg. Sie hatten sich viel zuviel zu erzählen. So war es jeden Mittag, wenn sie aus der Schule kamen. Die beiden gingen gerne zur Schule. Und sie waren stolz darauf, daß sie bald in die vierte Klasse kommen würden. Denn für die Kinder auf ihrer Hacienda war es nicht selbstverständlich, die Schule zu besuchen. Viele mußten bereits mit auf den Zuckerrohrfeldern arbeiten.

Rodrigo machte große Schritte. Allan hatte Mühe, mitzukommen. Denn obwohl er mit seinen dreizehn Jahren ein Jahr älter als Rodrigo war, war er fast einen halben Kopf kleiner. Und kürzere Beine hatte er auch.

Als sie an den hohen Palmen angekommen waren, dort wo sich der Weg gabelte, trennten sie sich. Allan bog nach links ab. Rodrigo mußte noch ein Stück weiter den Hügel hinaufsteigen.

Das Haus der Bandolas stand fast oben auf der Kuppe. Als er die letzte Wegbiegung erreicht hatte und um die große Bananenstaude bog, konnte er bereits seine Schwester Nelia und die drei Kleinen auf der Veranda erkennen. Nelia war zwei Jahre älter als Rodrigo. Sie paßte tagsüber auf ihre jüngeren Geschwister auf. Die Eltern und Onkel Bonifacio, der bei ihnen wohnte, kehrten nämlich immer erst am späten Nachmittag von den Zuckerrohrfeldern zurück.

Rodrigo kümmerte sich um das Schwein. Es hatte sich unter den Pfählen, auf denen ihr Haus stand, in den Schatten gelegt. Dann stieg Rodrigo auf der Rückseite des Hügels ins Tal hinunter, zu jener Stelle, wo eine Quelle aus dem Felsen sprudelte. Bergab war das einfach. Aber mit dem vollen Wasserkanister den steilen Pfad wieder hinauf, das war schon eine schwierigere Sache. Doch das Wasser schwappte Rodrigo nur ein paarmal über. Er hatte viel Übung, denn das Wasserholen war schon immer seine Aufgabe gewesen.

Die Sonne hatte sich bereits weit geneigt und stand dicht über den Bergen im Westen. Da kamen Rodrigos Mutter Judith, sein Vater Manuel und Onkel Bonifacio mit müden Schritten den Berg hoch. Als sie das Haus erreicht hatten, strich die Mutter den drei Kleinen übers Haar.

«Ich muß noch was einkaufen gehen», sagte sie, «wir haben keinen Reis mehr.»

Sie holte einen Beutel aus dem Haus und ging gleich weiter zu dem kleinen Laden des Verwalters. Der zahlte den Arbeitern der Hacienda den Lohn nicht in Bargeld aus, er trug statt dessen den Betrag in eine Liste ein. Die legte er seinem Verkäufer im Laden vor. Der gab den Arbeitern dann Reis, Öl, Kassava, Seife oder was sie sonst gerade brauchten und verrechnete den Betrag mit dem Lohn.

Rodrigos Mutter reichte dem Verkäufer ihren Beutel, damit er ihn füllen konnte. Der verschwand im Nebenraum, kam mit dem Säckchen zurück, legte es auf den Tisch und machte eine Eintragung in seine Liste.

«Das ist alles?» fragte Judith ungläubig. «Wir sind acht zu Hause. Die kann ich damit nicht satt bekommen. Nie und nimmer!»

«Mehr gibt's nicht.» Der Verkäufer schüttelte den Kopf. «Mehr steht nicht in der Liste.»

«Aber wir haben doch viel mehr gearbeitet», entgegnete Judith. «Wir müssen noch eine Menge guthaben.»

«Tut mir leid.» Der Verkäufer schob ihr den halb gefüllten Beutel zu. «Ich halte mich an das, was in der Liste steht.»

«Aber...» wollte Judith gerade einwenden.

Doch der Verkäufer ließ sie gar nicht erst zu Wort kommen. «Wenn dir was nicht paßt, dann geh doch zum Verwalter. Bei dem kannst du dich beschweren.» Er drückte Judith das Reissäckchen in die Hand. «Geh rüber und sag ihm, daß du unzufrieden bist.» Der Verkäufer schob sie zur Tür und lächelte spöttisch.

«Mach ich auch.» Judith drehte sich mit einem Ruck um und verließ den Laden. Sie steuerte geradewegs auf das Haus des Verwalters zu.

«Daß ihr auch immer nach Feierabend kommen müßt!» knurrte der Verwalter.

«Tagsüber sind wir doch auf dem Feld», versuchte Judith zu erklären.

Aber der Mann in dem offenen weißen Hemd ging nicht darauf ein. «Was gibt's denn?» fragte er.

«Der Verkäufer will mir nicht mehr Reis geben.» Judith hielt das Säckchen hin. «Er sagt, mehr stünde nicht in seiner Liste. Aber da müßte viel mehr stehen. Wir haben mehr und härter gearbeitet: Manuel, Bonifacio und ich. Wir müssen noch Reis für einige Pesos guthaben. Ich bin mir ganz sicher. Ich weiß es ganz genau.» Judith hatte immer erregter und schneller gesprochen.

«Nun mal langsam.» Der Verwalter schlug nach einer Fliege, die sich auf seinem Arm niedergelassen hatte. «Ich bin mir ganz sicher, daß ich nicht mehr in die Liste eingetragen habe. Aber bitte, wenn du mir nicht glauben willst, schau selbst hinein. Meine Eintragungen kann jeder überprüfen.»

Der Verwalter blätterte in seiner Kladde, schlug eine Seite auf und hielt sie Judith entgegen. Mit seinem Zeigefinger tippte er auf eine Reihe von Zahlen. «Na, was steht da?» Er lächelte süffisant.

«Sie wissen ganz genau, daß ich nicht lesen kann. Das kann doch kaum einer von uns.» Judith wurde wütend. «Trotzdem! Wir haben mehr gearbeitet!»

«Das kann jeder behaupten.» Der Verwalter tippte auf sein Heft. «Hier steht es schwarz auf weiß. Das sind eure Stunden. Hier unter der Rubrik Bandola.»

«Aber wir können doch nicht überprüfen, was Sie eintragen.»

«Willst du etwa behaupten, ich würde etwas vom Lohn unterschlagen?» Der Verwalter hob seine Stimme.

Judith wußte, daß es jetzt besser sein würde zu schweigen. Sie war sich sicher, daß er falsche Zahlen eintrug. Aber was sollte sie machen? Wenn sie ihm das ins Gesicht sagen würde, wer weiß, ob er ihr dann morgen wieder Arbeit geben würde. Sie drehte sich wütend um.

«Nicht so eilig, hübsche Frau.» Die Stimme des Verwalters klang auf einmal weich. Aber Judith gefiel sie nicht. Trotzdem hielt sie inne und drehte sich langsam um. Er kam einen Schritt näher und legte seinen Arm um ihre Hüfte. «Du siehst gut aus», sagte er. «Und für schöne Frauen habe ich immer ein offenes Herz. Vor allem, wenn sie auch etwas offener sind.»

Er griff an den obersten Knopf ihrer Bluse.

«Ich könnte die Eintragungen etwas verändern», fuhr er fort. Auf seinem Gesicht lag ein Grinsen.

Judith riß sich los und lief aus dem Haus. Sie hielt erst wieder an, als sie oben auf dem Hügel angekommen war. Ihr Gesicht war rot vor Erschöpfung und Wut. Es war bereits dunkel, als Judith den Reistopf vom Feuer nahm. Sie stellte ihn auf den Boden der Veranda. Soße gab es heute nicht. Ihr Mann, Onkel Bonifacio und die Kinder setzten sich im Kreis auf den geflochtenen Boden. Die Kinder griffen hungrig in den Topf. Er war nicht einmal halb voll. Es dauerte nicht lange, bis sie ihn geleert hatten, aber hungrig waren sie danach alle noch.

Der Vater rutschte unruhig hin und her. Dann räusperte er sich verlegen.

«Rodrigo», sagte er schließlich, ohne ihn anzusehen. «Ich wollte es dir schon lange sagen, und jetzt muß es wirklich sein.»

Er legte eine Pause ein, als wollte er es sich noch einmal überlegen. «Mutter, Bonifacio und ich, wir verdienen einfach nicht genug. Das, was der Verwalter uns gibt, reicht ja nicht einmal für genügend Reis. Und eine richtige Soße haben wir uns schon lange nicht mehr leisten können. Es geht einfach nicht anders. Du mußt mitarbeiten.»

Der Vater schien zu überlegen. «Der Verwalter wird dir nicht viel geben. Wenn du Glück hast, acht Pesos. Vielleicht auch nur fünf. Aber in der Woche können das schon 30 Pesos oder auch 50 sein. Dann wäre der Topf nicht immer so leer.»

Rodrigo hatte die ganze Zeit geschwiegen. Er hatte den Blick auf seine Fingerspitzen geheftet. Sie zitterten leicht.

«Gibt es denn keine andere Möglichkeit?» fragte Onkel Bonifacio. «Rodrigo sollte so lange wie möglich zur Schule gehen. Wie wichtig Lesen, Schreiben und Rechnen sein können, hast du doch gerade erst erfahren, Judith.»

Judith nickte.

«Vielleicht bekommen wir doch noch etwas Land vom Haciendero», fuhr Onkel Bonifacio nach kurzem Überlegen fort. «Dann könnten wir uns Kassava und Gemüse anbauen. Alles wäre dann viel einfacher.»

«Da können wir noch tausend Jahre warten», lachte sein Bruder bitter. «Bis dahin sind wir längst verhungert. Es führt einfach kein Weg daran vorbei: Rodrigo muß die Schule verlassen und auf dem Feld mitarbeiten.»

Onkel Bonifacio spürte, wie es Rodrigo zumute war. «Wenn die tote Zeit kommt, in der es sowieso keine Arbeit gibt», versuchte er zu trösten, «kannst du ja ab und zu wieder die Schule besuchen.»

Rodrigo sagte nichts. Er schluckte nur und nickte. Dann stieg er die Treppe hinunter und machte sich auf den Weg zu Allan.

Vor seinem Haus pfiff er dreimal kurz. Das war ihr Zeichen. Allan trat sofort aus der Tür.

«Was ist?» fragte er.

«Kommst du mit zum Felsen?» fragte Rodrigo zurück.

«Ist was passiert?» Allan wartete die Antwort erst gar nicht ab, stieg die Treppe hinunter und ging neben Rodrigo her.

Die beiden sprachen kein Wort, bis sie oben auf dem Hügel angekommen waren. An seiner höchsten Stelle ragte ein nackter Felsbrocken aus den Büschen. Das war ihr Platz. Hier trafen sie sich immer, wenn sie ganz für sich allein sein wollten.

Allan setzte sich auf den Gesteinsvorsprung. Rodrigo blieb stehen. Er blickte in den Abendhimmel. Die Sterne waren klar zu sehen, bis sich langsam eine Wolke vor sie schob.

«Jetzt ist es soweit», sagte er nach einer Weile.

Und dann berichtete Rodrigo von dem, was sein Vater gesagt hatte. Allan hörte aufmerksam zu. Dabei verfolgte er die Wolke, die allmählich weiterzog und den Blick zu den Sternen wieder freigab.

«Das mußte ja kommen», sagte er. «Mein Vater hat auch schon ein paarmal davon gesprochen.»

Eine neue Wolke zog heran. Die beiden verfolgten schweigend ihren Weg über den dunklen Abendhimmel.

«Ich verlasse auch die Schule», unterbrach Allan nach einer Weile das Schweigen. «Ich gehe mit dir aufs Feld. Wir sind doch Freunde.»

Gemeinsam gingen die beiden zum Laden, um sich eine Machete zu kaufen. Denn der Verwalter stellte nur Arbeiter an, die ihr eigenes Arbeitsgerät mitbrachten. Allan wog das Haumesser in seiner Hand.

«45 Pesos soll die kosten?» vergewisserte er sich noch einmal beim Verkäufer.

Der nickte.

«Ihr braucht sie aber nicht sofort zu bezahlen. Sie werden euch vom Lohn abgezogen.»

Rodrigo rechnete nach. Sie würden zehn Tage arbeiten müssen, bis sie den ersten Lohn erhalten würden.

«Was soll's», sagte Allan. «Haben müssen wir das Ding ja doch.»

«Aber ärgerlich ist es trotzdem. Der Verwalter soll uns lieber den Lohn auszahlen. In Escalante kosten die Macheten nur 30 Pesos. Aber ohne Bargeld ist da nichts zu machen. Hier im Laden ist alles noch viel teurer als anderswo. Überall zieht der Kerl noch was raus. Wie ein Blutegel.»

«Geht doch zu ihm und sagt's ihm», höhnte der Verkäufer, der zugehört hatte. «Dann wird er euch erst gar keine Arbeit geben.»

«Gib schon zwei her», knurrte Rodrigo.

Der Verkäufer reichte ihnen die Macheten.

«Aber ein Blutegel ist er doch», sagte Allan so laut, daß Rodrigo einen Schrecken bekam.

Bereits um 6 Uhr in der Frühe mußten sie sich vor dem Haus des Verwalters anstellen. Der stand in der Tür und teilte die Arbeit ein. Rodrigo und Allan wurden beim Setzen der neuen Stecklinge eingesetzt. Sie mußten kleine Stücke vom Zuckerrohr abschneiden. Wenn man zehntausend von diesen Stücken einpflanzte, bekam man 10 Pesos. Sie mußten sich schon ranhalten, wenn sie es am Tag auf 8 Pesos bringen wollten.

Rodrigo und Allan strengten sich sehr an. Mit einem Pflanzstock drückten sie ein Loch in den Boden. Dann setzten sie die Rohrstücke ein. Danach mußte die Erde wieder mit den Füßen angedrückt werden.

Den ganzen Tag arbeiteten sie gebückt. Rodrigo zählte die

Stunden bis zum Abend. Die Rückenschmerzen wurden immer heftiger.

«Der erste Tag ist der härteste», hatte Onkel Bonifacio prophezeit. «Aber man gewöhnt sich an alles.»

Rodrigo hatte das Gefühl, als ob er sich nie an diese Arbeit gewöhnen könne.

Daß es noch härter wurde, erfuhr Rodrigo erst, als die Zukkerrohrernte begann. Seine Mutter hatte ihm ein Stückchen Kassava in ein Bananenblatt eingewickelt.

«Wer hart arbeitet, muß auch was zu essen haben», hatte sie gesagt.

Rodrigo hatte sich das Bündel an seinen Gürtel gebunden. Er stellte sich mit seinem Vater, Onkel Bonifacio, Allan und all den anderen Männern der Hacienda vor dem Haus des Verwalters auf. Dort wartete er, ob der Verwalter ihn einteilen würde.

Rodrigo war froh, daß er genommen wurde. Es war nämlich nicht selbstverständlich, Arbeit zu bekommen. Oft wurden sie wieder nach Hause geschickt. Das war schlimm. Aber heute schien ein Glückstag zu sein. Rodrigo nahm seine Machete fest in die Hand und zog mit den anderen Männern aufs Feld.

Zuerst mußte der Halm freigelegt und die Blätter entfernt werden. Mit einem kräftigen Schlag hieb Rodrigo das Rohr ab. Dann schlug er noch die Spitze ab und säuberte den Stengel. Er war schwer und lang, viel länger als Rodrigo selbst. Ein Schlag folgte dem anderen. Dann stapelte Rodrigo immer 25 Stengel auf einen Haufen. Danach griff er wieder zur Machete. Immer derselbe Griff, dieselbe Bewegung, der Schlag, das Aufstapeln der Halme mit der linken Hand.

Rodrigo war bereits nach kurzer Zeit erschöpft. Er blickte zu Allan hinüber, der ganz in der Nähe arbeitete.

«Laß sie uns bündeln und zum Wagen bringen!» rief er ihm zu.

Die beiden stemmten sich jeder einen Stapel auf die Schultern und schleppten ihn über das Feld. An seinem Ende standen kleine Eisenloren, auf denen das Zuckerrohr zur Mühle gefahren wurde. Eine Holzplanke führte steil auf die hochbeladenen Wagen hinauf. Sie war schmal und wippte so stark, daß Rodrigo fast das Gleichgewicht verloren hätte. Als er oben angelangt war, ließ er das Bündel kraftlos fallen. Dann atmete er tief durch und wischte sich mit dem Handrücken den Schweiß von der Stirn.

Damit die Rohre auf dem Weg zur Mühle nicht auseinanderfielen, mußten Rodrigo und Allan am Rand immer einige Bündel senkrecht stecken. Die anderen stapelten sie waagerecht dazwischen. Dann kehrten die beiden über das abgeerntete Feld wieder zu ihren Arbeitsplätzen zurück.

«Verdammte Hitze!» stöhnte Allan. «Und dann diese schweren Bündel!»

«Da bricht einem glatt der Rücken durch», pflichtete ihm Rodrigo bei. «Und das alles für lächerliche acht Pesos. Ich spüre richtig, wie dieser Blutegel von Verwalter mich aussaugt.»

«Was hast du gesagt?»

Die Stimme hinter Rodrigo klang drohend. Er fuhr erschrocken herum. Er hatte gar nicht bemerkt, daß sich der Verwalter genähert hatte.

Rodrigos Hände begannen zu zittern. Er hatte Mühe, seine Machete zu halten. Der Verwalter wartete erst gar keine Antwort ab. Er hob seinen Rohrstock.

«Nein!» stieß Rodrigo noch hervor.

Doch da sauste der Stock auch schon mit einem sirrenden Ton auf seinen Rücken. Der Junge schrie auf.

«Ich hoffe, das wird dir eine Lehre sein!» Der Verwalter tippte nervös mit seinem Stock an seine Hosennaht. «Ihr sollt hier kein Plauderstündchen halten! Verstanden? Ihr sollt arbeiten! Aber etwas schneller, wenn ich bitten darf!»

Rodrigo und Allan blickten ihn mit großen Augen an.

«Steht nicht so dumm rum und glotzt! An die Arbeit! Aber schnell!» Der Verwalter hob wieder drohend seinen Stock.

Rodrigo griff hastig nach einem Rohr und hieb es ab. Allan tat das gleiche.

Der Verwalter ging weiter. Dann drehte er sich noch einmal um: «Und daß ich euch nicht noch einmal beim Reden erwische! Ihr sollt schnell arbeiten!»

Vor Wut und Angst griff Rodrigo noch hastiger nach den Halmen und schlug noch heftiger zu.

Greifen. Blätter ab. Schlagen. Auf den Stapel werfen. Greifen. Blätter ab. Schlagen. Auf den Stapel werfen. Rodrigo nahm sich kaum Zeit, den Schweiß von der Stirn zu wischen.

«Dieser verdammte Blutegel», murmelte er vor sich hin. Dann erschrak er über seine Worte und blickte sich ängstlich um, ob der Verwalter auch nicht in der Nähe wäre. Greifen. Schlagen. Rodrigo spürte einen kurzen Schmerz. Er starrte auf seine linke Hand. Blut quoll aus einem tiefen Schnitt an seinem kleinen Finger. Er versuchte ihn zu bewegen. Aber die oberen Glieder waren steif und leblos.

«Hey, was ist los mit dir? Kannst du nicht mehr?»

Allan blickte zu Rodrigo herüber. Er merkte sofort, daß etwas nicht stimmte, und kam zu seinem Freund. «Verdammt!» entfuhr es ihm. «Tut es weh?»

Rodrigo schüttelte den Kopf. «Jetzt nicht mehr.»

«Wir müssen etwas tun.»

Allan winkte zu den Männern herüber, die ein Stück weiter arbeiteten.

Onkel Bonifacio sah ihn und kam zu ihnen gerannt.

«Ist was?» keuchte er außer Atem.

Aber da sah er auch schon, was passiert war.

«Das mußte ja kommen! Und nur, weil der Verwalter so treibt. Dieses Schwein!»

Onkel Bonifacio nahm sein Halstuch ab und wickelte es Rodrigo um den Finger. Auch die anderen Arbeiter, die in der Nähe waren, kamen angerannt.

Der Verwalter hatte die kleine Gruppe sofort entdeckt. Mißtrauisch kam er auf sie zu. «Findet hier eine Versammlung statt?» fragte er Onkel Bonifacio mit erhobener Stimme.

«Lassen Sie die Witze», entgegnete der. «Hier muß schnell geholfen werden. Vermutlich hat er sich die Sehne durchgeschlagen.»

«Ihr sollt arbeiten», fuhr ihn der Verwalter an. Und an Rodrigo gewandt: «Den heutigen Tag kann ich für dich nicht als Arbeitstag anrechnen.»

«Sie müssen ihn mit dem Wagen nach Escalante fahren», sagte Onkel Bonifacio beschwörend. «Er muß sofort ins Krankenhaus.»

Der Verwalter lachte ihn aus: «Ins Krankenhaus fahren? Du hast vielleicht Ideen! Wenn ich das bei jedem Unfall machen würde, dann brauchte ich ja nur noch Krankentransporter zu spielen. Paßt gefälligst besser auf. Das erspart euch Arbeitsausfälle und mir den Ärger.»

«Dann bringe ich ihn eben selbst nach Escalante», stellte Onkel Bonifacio entschlossen fest. «Komm, Rodrigo! Wir gehen zur Straße. Dort wird schon ein Wagen anhalten und uns mit nach Escalante nehmen.» Er faßte Rodrigo am Arm und führte ihn fort.

«Und deinen Arbeitstag, Bonifacio, werde ich auch nicht anrechnen», rief ihnen der Verwalter nach. «Wo soll das hinführen, wenn hier überhaupt nicht mehr gearbeitet wird!»

Onkel Bonifacio und Rodrigo warteten am Straßenrand auf ein Auto.

«Setz dich so lange ins Gras», sagte Onkel Bonifacio. «Du wirst müde sein.»

Rodrigo ließ sich auf den Boden fallen. Der Finger schmerzte jetzt. In der Wunde begann es zu pochen.

Da näherte sich vom Haus des Haciendero ein silbergrauer Mercedes. Onkel Bonifacio winkte und gab dem Fahrer ein Zeichen, anzuhalten. Doch das Auto fuhr mit unverminderter Geschwindigkeit auf sie zu. Onkel Bonifacio fuchtelte aufgeregt mit den Armen in der Luft und zeigte auf Rodrigos Hand.

Doch der Haciendero schien durch sie hindurchzublicken. Rodrigo konnte sehen, wie er sich eine Zigarette anzündete. Dann war er an ihnen vorbeigefahren.

«Du bist der größte Blutegel!» schrie ihm Onkel Bonifacio wütend nach. «Der kennt uns Sacadas kaum. Ihm ist nur wichtig, wieviel Geld er scheffelt. Aber wie es uns geht, das interessiert den einen Dreck. Ständig fährt er nach Bacalod. Er soll dort ein zweites Haus haben. Und Prostituierte auch.» Onkel Bonifacio spuckte auf die Straße.

«Die Leute erzählen sich, daß er bei einem Hahnenkampf 120000 Pesos an einem einzigen Tag verspielt habe. Überleg doch nur mal, wie viele Tage wir dafür arbeiten müssen. Wenn du zehn Pesos am Tag verdienst, dann müßtest du 12000 Tage arbeiten. Das sind...» Onkel Bonifacio mußte überlegen. «Das sind 50 Jahre. So lange lebt unsereins gar nicht. Und der verspielt das an einem einzigen Tag! Ich sage dir, Rodrigo, der Haciendero ist der größte Blutegel. Und er hat nicht einmal angehalten. Zumindest das hätte er tun können.»

Onkel Bonifacio hatte sich richtig in Rage geredet. Dann wurde er wieder etwas ruhiger.

«Aber wir werden schon noch mitgenommen. Keine Angst.»

Die Sonne war immer höher gestiegen und stach unbarmherzig vom Himmel. Nur wenige Autos kamen vorbei. Aber kein einziges hielt an. Rodrigos Finger pochte immer heftiger. Da hörten sie von ferne ein dumpfes Motorengeräusch. Ein Bus näherte sich. Onkel Bonifacio winkte, um ihn anzuhalten.

«Aber das ist doch viel zu teuer», wandte Rodrigo ein.

«Laß mal. Es ist jetzt wichtig, daß du schnell ins Krankenhaus kommst.»

Der Bus hatte abgebremst und hielt an. Onkel Bonifacio schob Rodrigo die Stufen hinauf. Dann setzte sich der Bus wieder ruckend in Bewegung.

Onkel Bonifacio kannte sich etwas in Escalante aus, aber wo

das Krankenhaus lag, wußte er nicht genau. Darum sprach er eine junge Frau auf der Straße an. Sie blickte auf Rodrigos verbundene Hand und sagte dann:

«Ich führe Sie hin. Es ist nicht sehr weit.»

Auf dem Weg berichtete Onkel Bonifacio, was vorgefallen war.

«Solche Berichte kenne ich», nickte die Frau. «Ich leite eine Jugendgruppe. Einige der Jungen arbeiten als Sacadas. Ich kenne ihre Probleme.» Sie zeigte über die Straße. «So, da sind wir. Dort drüben ist der Eingang.»

Die drei gingen zum Büro. Als erstes verlangte der Mann hinter dem Schreibtisch die Aufnahmegebühr.

«So viel?» Onkel Bonifacio bekam einen Schrecken. So viel Pesos besaß er gar nicht mehr.

«Dann können wir leider nichts machen.» Der Mann zuckte bedauernd mit den Schultern.

«Aber Sie können uns doch nicht einfach wieder fortschikken. Sie sehen doch, der Finger!»

Onkel Bonifacio war ganz aufgebracht und verzweifelt.

Die junge Frau kramte in ihrer Umhängetasche und legte dann ein paar Geldscheine auf den Tisch.

«Aber...» sagte Rodrigo.

«Schon gut», unterbrach ihn die Frau. «Wie heißt du überhaupt?»

«Rodrigo. Rodrigo Bandola.»

«Und ich heiße Jury Jaravello.»

Eine Krankenhausschwester erschien und führte die drei in einen Warteraum.

«Sie müssen sich noch etwas gedulden, bis der Arzt kommt», sagte sie.

«Ich könnte die Zeit nutzen und noch ins Büro der Gewerkschaft gehen», überlegte Onkel Bonifacio. «Ich habe dort noch einiges zu besprechen.»

«Gehen Sie ruhig. Ich werde bei ihm bleiben», sagte Jury.

Rodrigo lächelte sie dankbar an.

Nach einiger Zeit erschien ein Arzt, untersuchte seinen Finger, gab ihm eine Spritze und nähte die Wunde.

«Die Sehne ist durchgeschnitten», stellte er fest. «Der Finger wird wohl steif bleiben. Aber so wichtig ist er ja nicht.»

Ein Lastwagen nahm Rodrigo und Onkel Bonifacio am Nachmittag wieder mit zur Hacienda. Onkel Bonifacio gab dem Fahrer beim Aussteigen seine letzten Pesos.

«Jetzt hast du viel Fahrgeld und einen ganzen Arbeitstag verloren», stellte Rodrigo fest. «Und der Arzt hat angeordnet, daß ich zwei Wochen nicht arbeiten soll.»

Sie stiegen den Weg zum Hügel hinauf.

«Wenn uns der Aufseher jetzt keine Arbeit mehr gibt, weil wir heute fortgegangen sind, was dann?»

Rodrigo erwartete gar keine Antwort auf seine Frage. «Dann können wir uns gar nichts mehr kaufen», fuhr er fort. «Nicht einmal mehr Kassava.»

«Wir brauchen einfach Land», sagte Onkel Bonifacio nach einer Weile. «Der Haciendero läßt ein Drittel seiner Felder brachliegen. Das könnte er uns doch geben. Ich wüßte schon, was ich darauf anbauen würde. Zu hungern brauchten wir dann nicht mehr. Aber dieser Kerl weigert sich ja. Darum muß jetzt langsam etwas geschehen. Und genau das habe ich mit den Genossen von der Gewerkschaft überlegt.»

Rodrigo wollte fragen, was sie besprochen hätten, aber da waren sie auch schon zu Hause angekommen, und seine Geschwister sprangen ihm neugierig entgegen. Rodrigo mußte berichten, was geschehen war und wie es ihm in Escalante ergangen war.

Als sich Rodrigo nach zwei Wochen morgens wieder mit den anderen vor dem Haus des Verwalters anstellte, winkte dieser gleich ab.

«Leute mit verletztem Finger kann ich nicht brauchen. Damit bist du mir viel zu langsam.»

«Aber zum Zuckerrohrschlagen brauche ich den doch gar nicht. Und es ist doch der linke.»

«Ich will dich nicht. Es sind noch genügend andere da.»

Der Verwalter machte mit seinen Händen eine Bewegung, die andeutete, daß er sich auf keine Einwände und Bitten mehr einlassen würde.

Rodrigo ballte seine Hände zu Fäusten.

«Wir müssen irgend etwas tun», überlegte Allan. «Ich weiß nur noch nicht, was.»

«Die Gewerkschaft hat etwas geplant», flüsterte Rodrigo. «Onkel Bonifacio hat davon berichtet. Alle Sacadas...»

Da näherte sich der Verwalter. Sie schwiegen. Jetzt war sich Rodrigo sicher, daß er mitmachen würde bei dem, wovon Onkel Bonifacio berichtet hatte.

Am 19. September 1985 begann in Escalante ein sorgfältig vorbereiteter dreitägiger Welgang Bayan, ein Generalstreik. Er wurde anläßlich des dreizehnten Jahrestages der Erklärung des Kriegsrechtes organisiert. Überall im Land fanden Aktionen statt.

Onkel Bonifacio fuhr bereits am ersten Tag mit einigen anderen Männern nach Escalante. Rodrigo, Allan und viele andere folgten ihnen am zweiten Tag. Weil so viele mitkommen wollten, war es fürchterlich eng auf der Ladefläche des Lastwagens.

Als sie in Escalante ankamen, wurde Rodrigo ganz aufgeregt. So viele Menschen hatte er noch nie in seinem Leben beieinander gesehen. Sie zogen mit Transparenten und Plakaten über die Hauptstraße. Einige Gruppen forderten Land für die Sacadas. Andere prangerten den Terror des Militärs an und forderten die Einhaltung der Menschenrechte. Viele verlangten das Ende der Marcos-Diktatur. Rodrigo und Allan waren ganz verwirrt von so vielen Menschen. Es wurden immer mehr.

Plötzlich bemerkte Allan, daß sie ihre Gruppe von der Hacienda verloren hatten. Darum beschlossen sie, in jene Richtung zu gehen, in die die meisten Leute zogen. Sie erreichten den Rathausplatz. Dort hatten sich zahlreiche Menschen mitten auf die Straße gestellt und mit ihren Plakaten und Transparenten eine Barrikade gebildet. In Sprechchören riefen sie ihre Forderungen laut über den Platz.

«Da!» rief Rodrigo plötzlich. Er fuchtelte mit seinem rechten Arm durch die Luft und zeigte in die Menge. «Da drüben! Da ist Onkel Bonifacio! Neben dem roten Transparent.»

Rodrigo winkte und rief seinem Onkel zu. Schließlich hatte dieser Rodrigo und Allan auch gesehen und schob sich durch das Gedränge zu ihnen hin.

«Dich in diesem Gewühl zu finden ist gar nicht so einfach», begrüßte ihn Rodrigo.

«Kein Wunder. Es sollen ja auch siebentausend Demonstranten hier sein.»

Rodrigo sah seinem Onkel an, daß er sich über den Erfolg des Welgang Bayan freute.

«So eine mächtige Demonstration hatten wir in Escalante noch nie», lachte Onkel Bonifacio zufrieden. «Aber auch selten so viel Militär.»

«Ich habe Angst», gestand Rodrigo. Er hatte noch nie so viele Soldaten und Polizisten auf einmal gesehen. Überall standen ihre Fahrzeuge. Allan nickte.

«Ihr braucht keine Angst zu haben», beruhigte sie Onkel Bonifacio. «Die Organisatoren haben Gespräche mit Vertretern des Militärs und der Polizei geführt, um einen friedlichen Verlauf des Streiks zu gewährleisten. Sie haben vereinbart, hier am Rathaus und an der Straße nach Bacalod Polizisten als Verbindungsoffiziere zu postieren. Die Abmachungen haben Bürgermeister Braulio Lumayno und Kapitän Modesto Sanson von der 334. Kompanie der Philippines Constabulary-Einheit persönlich getroffen. Da braucht ihr keine Angst zu haben.»

Vom Eingang des Rathauses drangen wieder Sprechchöre zu ihnen herüber. Dann waren Schreie von der Hauptstraße her zu hören, erst nur vereinzelt, dann immer mehr.

«Was ist dahinten los?» fragte Rodrigo seinen Onkel. «Da kommen ja Wasserwerfer!»

«Verdammt! Die spritzen in die Menge. Aber das kann doch nicht wahr sein! Das wäre doch gegen die Abmachungen.»

Onkel Bonifacio wurde ganz aufgeregt. Die Schreie der Menge wurden zunehmend lauter und wütender. Die Wasserwerfer rückten immer näher heran. Die Menschen an der Barrikade duckten sich, um den Strahl nicht ins Gesicht zu bekommen.

Dann trat eine Pause ein. Das Wasser in den Tanks schien verbraucht zu sein. Die Schreie und Sprechchöre ebbten ab. Doch plötzlich schwollen sie wieder an. Beißender Nebel legte sich über die Straße. Rodrigo begannen die Augen zu tränen.

«Die werfen Tränengasgranaten», rief Onkel Bonifacio. Er fuhr sich mit der Hand über die brennenden Augen.

«Paßt auf! Von drüben werfen sie auch!»

Rodrigo blickte in die andere Richtung, und da entdeckte er plötzlich Jury.

«Sieh mal da, Onkel Bonifacio! Dort drüben ist Jury. Weißt du, Jury, die mit uns im Krankenhaus war.»

Aber Onkel Bonifacio konnte nichts sehen. Das Gas brannte zu stark in seinen Augen.

«Jury!» rief Rodrigo. Aber in dem Lärm der Schreie und Sprechchöre ging sein Rufen unter. Da sah er, wie Jury auf einmal nach vorn sprang. Sie hob eine Granate, die nicht gezündet hatte, auf und warf sie zu den Soldaten zurück.

Plötzlich peitschten Schüsse durch die Luft. Sie gingen fast unter in den Sprechchören. Ein dünner Schmerzensschrei. Rodrigo sah noch, wie Jury taumelte und dann hinstürzte. Dann riß ihn Onkel Bonifacio zu Boden.

«Nimm Deckung!» stieß er hervor. «Sie schießen!»

Auch Allan hatte sich zu Boden geworfen. Hals über Kopf stolperten die Menschen zurück oder warfen sich auf die Straße. Von überall waren jetzt Schreie zu hören. Schüsse hallten zwischen den Häusern.

Rodrigo drückte sich so flach wie er nur konnte auf den Boden. Er wagte kaum, sich zu bewegen. Links neben ihm hatte sich Allan hingeworfen. Rechts lag Onkel Bonifacio. Das Gesicht hatte er zur anderen Seite gewandt. Immer wieder peitschten Schüsse über sie hinweg. Rodrigo zitterte am ganzen Körper. Seine Hände hatten sich in den Boden gekrallt. Langsam ließen die Schüsse nach.

«Sollen wir fortrennen?» fragte Rodrigo seinen Onkel. «In eine Nebenstraße?»

Onkel Bonifacio gab keine Antwort.

«Vielleicht fangen sie gleich wieder an zu schießen. Ich will fort von hier.»

Rodrigo stieß seinen Onkel in die Seite.

«He! Was meinst du? Hörst du mich nicht?»

Rodrigo beugte sich vorsichtig zu seinem Onkel hinüber. Da sah er, daß seine Augen weit offenstanden. Starr blickten sie auf den Boden. Rodrigo schüttelte erschrocken die Schultern seines Onkels.

«Onkel Bonifacio! Was ist?»

Rodrigo spürte, wie die Schulter schwer zurückfiel, als er sie losließ.

«Onkel Bonifacio, Onkel Bonifacio!»

Rodrigo schrie vor Verzweiflung. Dann zog ihn Allan in eine Seitenstraße.

An diesem Nachmittag blieben 16 Tote auf den Straßen von Escalante liegen. Einige hatten noch versucht, in nahe gelegene Felder zu flüchten. Aber sie wurden von Soldaten verfolgt und dort erschossen. Die meisten waren in den Rücken getroffen worden. 27 Menschen wurden schwer verwundet. Einer Untersuchungskommission, die sich um die Verletzten kümmern sollte, wurde vom Militär der Zugang zum Krankenhaus verweigert. Viele Leichen konnten zunächst von ihren Familien nicht von der Straße geholt werden. Überall standen Soldaten. Einige von ihnen, die in die Menge geschossen hatten, waren bekannt. Es waren Sergeant Mateo Magwate, Sergeant Tupas, Sergeant Dalogdog und Solte Palacios. Zahlreiche Menschen flohen in die Kirche.

Dafür, daß die Abmachungen nicht eingehalten wurden und das Militär brutal eingriff, war der einflußreiche Haciendero Armando Gustillo, der Präsident des Nationalverbandes der Zuckerrohrpflanzer, verantwortlich. Am Vorabend des Massakers hatte er über seinen eigenen Rundfunksender erklärt, daß ein Streik zur Anarchie führen würde. Eine Woche später sagte er zu den Ereignissen: «Die Frage lautet nicht, ob einige Menschen getötet worden sind oder nicht. Die Toten sind tot, nicht nur wegen der Soldaten. Sie sind tot, weil sie verführt und aufgestachelt worden sind, sich gegen die Regierung zu stellen.»

Rodrigo wußte, daß das nicht stimmte. Wenn irgend etwas Onkel Bonifacio aufgestachelt hatte, dann waren es die Ausbeutung und Unterdrückung der Sacadas.

Nach seinem Tod wurde vieles anders im Hause der Bandolas. Da sein Verdienst jetzt fehlte, wurden die Mahlzeiten noch karger. Das brachliegende Land des Haciendero durften sie immer noch nicht bebauen. Das Ziel, für das Onkel Bonifacio gestorben war, war weiter entfernt denn je.

Eines Tages kam wieder Hoffnung auf. Die Menschen in Manila waren im Februar 1986 auf die Straße gegangen und hatten Präsident Marcos gezwungen, das Land zu verlassen. Auch auf Negros hatte es Demonstrationen gegeben. Fünfzig Menschen wurden dabei erschossen, nicht von Soldaten, wie die Leute beobachteten, sondern von Schlägertrupps des Zuckerbarons Gustillo. Als Marcos gestürzt war, blühten die Hoffnungen wieder auf. Doch schon bald merkten die Sacadas, daß sich für sie nichts änderte. Alles blieb beim alten.

Dann geschah doch etwas. Es war an einem Tag im Mai. Der Verwalter ließ alle Sacadas zu sich rufen. Rodrigos Vater hoffte, daß sie jetzt das Land bekommen würden, das für ihr Leben so wichtig war. Es herrschte eine fröhliche Stimmung, als sich die Sacadas und ihre Familien vor dem Haus des Verwalters versammelten.

Als der Verwalter vor die Tür trat, teilte er ihnen mit, daß die Hacienda verkauft worden sei, aber der Haciendero habe sie gleich wieder zurückgekauft. Dadurch seien alle Verträge ungültig geworden. Darum teile er ihnen neue aus, die sie unterschreiben sollten. Wenn sie das nicht täten, würden sie keine Arbeit bekommen. Doch die neuen Verträge waren schlimmer als die alten. Jetzt konnte der Haciendero erst recht mit ihnen machen, was er wollte. Darum waren sich alle einig, das Papier nicht zu unterschreiben.

Am nächsten Morgen erhielt keiner von ihnen Arbeit, genau wie der Verwalter angedroht hatte. Nur Manuel Bandola, seine Frau und Rodrigo durften aufs Feld. Die Sacadas, die vor dem Haus des Verwalters warteten, sahen sie fragend an. Das verstanden sie nicht. Auch Rodrigo wußte nicht, was das zu bedeuten hatte. Seine Eltern blickten zu Boden, um niemanden anschauen zu müssen. Schweigend nahm sein Vater die Machete und sagte nur: «Kommt!»

Rodrigo und seine Mutter folgten ihm aufs Zuckerrohrfeld. Manuel arbeitete wie verrückt an diesem Tag. Ständig wich er Rodrigos Blicken aus. Rodrigo wagte nicht, ihn zu fragen.

Als sie am Abend vom Feld zurückkamen, standen überall die Sacadas und ihre Familien vor den Häusern. Als die drei an ihnen vorbei zu ihrem Haus hinaufstiegen, grüßte keiner von ihnen. Die Leute schwiegen und sahen sie nur fragend an. Manuel blickte verbissen zu Boden und schaute weder nach links noch nach rechts. Rodrigo lugte scheu zu den Leuten. Da erblickte er Allan. Rodrigo wußte, was sein Freund jetzt von ihm dachte. Was sie wohl alle dachten... Tausend Dinge gingen ihm durch den Kopf. Er mußte an Onkel Bonifacio denken. Dann sagte er laut:

«Ob Onkel Bonifacio wohl...»

«Rodrigo!» unterbrach ihn sein Vater streng.

Er blieb stehen, hob seinen Blick vom Boden und sah ihm in die Augen. Lange stand er so da und sagte kein Wort. Dann nickte er seiner Frau zu, machte kehrt und schritt auf das Haus des Verwalters zu.

Rodrigo zitterte in den Knien. Doch dann bemerkte er, wie

die Leute, die vor ihren Häusern standen, sich ihnen schweigend anschlossen. Bei jedem Haus, bei dem sie vorbeigingen, wurden es mehr, bis sie ein richtiger kleiner Zug waren. Als sich auch Allan dem Zug angeschlossen hatte, zitterten Rodrigos Knie nicht mehr. Jetzt fühlte er sich ganz stark. Jetzt hatte er so ein Gefühl, wie er es beim Schlagen des Zuckerrohrs empfand, wenn er seine Machete fest in der Hand hielt und mit kräftigem Hieb zuschlug.

Kleine Tänzerin

Namen werde ich nicht nennen. Keinen einzigen werde ich verraten. Denn die Zeit der Angst ist für die, von denen ich berichten will, noch nicht vorbei. Aber ihre Codenamen kann ich benutzen. Sie stehen oben auf der Akte, die das ‹Rehabilitationszentrum für Kinder› von ihnen angelegt hat:

Mulawin Oropeta, 26 Jahre alt, verheiratet, Bauer, verwundet.

Flore Oropeta, 25 Jahre alt, Mulawins Frau.

Lakandula Oropeta, 6 Jahre alt, Sohn der Oropetas, verwundet.

Liwanag Oropeta, 4 Jahre alt, Tochter der Oropetas, verwundet.

Johny Oropeta, 1 Jahr alt, Sohn der Oropetas, tot.

Ligaya Anido, 22 Jahre alt, verheiratet, Schwester von Flore, verwundet.

Liwayway Anido, 1 Monat alt, Tochter von Ligaya, tot.

Ein knapper, sachlicher Text. Sachlich und kalt, wie er in vielen Akten zu finden ist. Und doch verbirgt sich das Schicksal einer ganzen Familie hinter diesen wenigen Zeilen, die säuberlich mit der Maschine getippt sind. Ein einziger Tag hat das Leben der Oropetas vollständig verändert. Es war der 5. November 1985.

Ich will genau wissen, was an jenem Tag geschah. Ich will mir alles erzählen lassen, und ich werde es weitererzählen. Die wahren Namen von Mulawin, Flore, Lakandula, Liwanag, Ligaya und Liwayway werde ich nicht preisgeben. Es könnte noch immer gefährlich für sie sein. Aber die Täter sollen genannt werden: Soldaten, die Terror und Schrecken verbreiten, um die Menschen einzuschüchtern. Denn die Angst der Leute ist das wichtigste Instrument der Herrschaft eines Diktators, wie Marcos es war. Angst soll die Menschen davon abhalten, sich für ihre Rechte einzusetzen. Darum verbreitet das Militär Terror. Und dabei schreckt es auch nicht vor Kindern zurück. Oder will es vielleicht gerade die Kinder treffen? Wenn es um sie geht, lassen sich dann ihre Eltern nicht am leichtesten zum Schweigen bringen?

Ich habe viele Fragen. Um eine Antwort zu bekommen, muß ich mit den Oropetas reden. Sie leben in Manila. Aber nur noch für einen einzigen Tag. Morgen werden sie die Hauptstadt verlassen und wieder zurück in ihre Heimat fahren. Warum? Auch das werde ich sie fragen. Ich muß mich beeilen. Heute ist die letzte Gelegenheit, sie zu besuchen.

In den vergangenen Monaten waren die Oropetas in einer kleinen Kirchenstation untergekommen. Sie liegt am anderen Ende der Stadt. Ich sitze mit anderen Fahrgästen dicht gedrängt in einem der zahllosen Jeepneys Manilas. Die Fahrt ist weit. Ich habe Zeit, meine Fragen noch einmal zu sortieren. Etwas unsicher bin ich schon. Werden die Oropetas mir von sich und ihrem Leben erzählen? Und auch von jenem schrecklichen Ereignis, das ihr Leben so völlig verändert hat?

Als ich ins Haus trete, rutscht mir auf den Knien ein Mädchen entgegen. In Gedanken überfliege ich die Namen, die ich in den Akten gelesen habe. Das muß Liwanag sein. «Verwundet», stand hinter ihrem Namen. Liwanag kann nicht mehr gehen. Ihre Beine gehorchen ihr nicht mehr. Sie rutscht auf mich zu, lächelt schüchtern und reicht mir eine Mangofrucht. Sie sagt nichts. Ich hätte es auch nicht verstanden. Liwanag spricht die

Bicol-Sprache. Aber ich habe Freunde mitgebracht. Sie werden mir helfen, alles genau ins Englische zu übersetzen.

Was ist an jenem 5. November geschehen? Warum kann Liwanag heute nicht mehr laufen? Warum muß sie mir auf Knien entgegenrutschen? Flore und Mulawin fordern mich auf, Platz zu nehmen. Lakandula kommt neugierig hinzu, und Liwanag spielt mit meinen Fingern. Dann beginnen sie zu erzählen.

Mulawin reckte sich. Das tat gut, wenn man den ganzen Morgen gebückt im Reisfeld gearbeitet hatte. Er ließ die Sichel zu Boden fallen und stemmte seine beiden Hände in den Rücken. Die Zeit der Reisernte brachte immer viel Arbeit mit sich. Doch von allen Arbeiten verrichtete Mulawin diese am liebsten. Bei jedem Schnitt genoß er das Gefühl, daß sich die Anstrengungen der letzten Monate gelohnt hatten. Und in diesem Jahr war sogar genügend Regen gefallen. In der Gegend von Pinamihagan gab es nur wenig Wasser. Es reichte zum Tränken der Wasserbüffel. Und auch zum Gießen der Gemüsepflanzen gab es genug. Aber es reicht nicht aus, um die Reisfelder unter Wasser zu setzen, wie es in anderen Gegenden möglich war. Die Bauern im Süden Luzons mußten auf Regen warten. Und je nachdem, wieviel auf die Felder niederging, fiel die Reisernte aus. Mal konnte Mulawin fünfzig Säcke Reis ernten. Mal waren es auch nur zwanzig. Aber in diesem Jahr würden es siebzig oder mehr sein.

Mulawin ließ seine Augen über das abgeerntete Feld gleiten. Dann wanderten sie weiter zu jenem Feld, auf dem der Reis noch hoch und prall stand.

Es werden achtzig Säcke sein, überschlug Mulawin in Gedanken. Er wischte sich mit seiner rechten Hand den Schweiß von der Stirn. Er konnte wirklich zufrieden sein. In Gedanken rechnete er nach, wieviel er davon würde behalten dürfen.

Mulawin mußte jeden dritten Sack Reis, den er erntete, als Pacht für seine drei Hektar Land abgeben. Er hatte es gut, weil die Felder einem entfernten Verwandten von ihm gehörten. Andere Bauern mußten die Hälfte ihrer Ernte an den Grundbesitzer abliefern.

Über fünfzig Säcke würden für ihn und seine Familie übrigbleiben, überlegte Mulawin. Soviel waren es schon lange nicht mehr gewesen.

Der junge Bauer konnte wirklich nicht klagen. Im vergangenen Jahr hatte er sogar ein kleines Stück Land kaufen können. In der Zeit, in der es auf den Reisfeldern nicht viel zu tun gab, baute er auf dem neuerworbenen Land Mais und Gemüse an.

Mulawins Augen wanderten bis an den Rand der Felder, dorthin, wo Bananenstauden und hohe Palmen seine Blicke aufhielten. Versteckt zwischen den Bäumen lag sein Haus. Er kniff seine Augen zusammen, um es deutlicher sehen zu können. Wenn er genau hinsah, konnte er seine Frau Flore auf der Plattform vor dem Eingang erkennen. Flore würde bereits dabeisein, Reis zu kochen. Ich könnte mich eigentlich schon auf den Heimweg machen, überlegte Mulawin. Er blickte zur Sonne hinauf, die bereits hoch am Himmel stand, hob dann seine Sichel vom Boden auf und begab sich auf den Weg nach Hause.

Als Mulawin die Stimmen seiner Kinder hören konnte, stieg er auf eine Palme. Oben schlug er drei Kokosnüsse ab, warf sie zu Boden und kletterte dann genauso geschickt wieder hinunter.

Liwanag hatte den Aufprall der Nüsse gehört und lief ihrem Vater entgegen.

«Schlag sie uns gleich auf», rief sie ihm schon von weitem zu.

Mulawin lächelte. Als seine Tochter ihn erreicht hatte, strich er ihr über die Haare. Und dann kam auch Lakandula angelaufen. Sein Vater gab ihm in jede Hand eine der Nüsse zum Tragen. Liwanag hatte Mühe, die dritte zu halten, so groß waren sie.

«Mutter! Tante Ligaya! Schaut mal! Vater hat uns Kokosnüsse heruntergeholt.»

Tante Ligaya trat aus dem Haus auf die Veranda.

«Das sind aber Riesennüsse», staunte sie. «Nur gut, daß sie Liwayway nicht mehr auf den Kopf fallen können.»

Tante Ligaya war ständig besorgt um ihre kleine Tochter. Sie war gerade einen Monat alt. Wenn Tante Ligaya nicht arbeitete, trug sie sie meist in ihren Armen. Oft aber lag Liwayway in einem Tuch, das ihre Mutter quer über die Veranda gehängt hatte. Tante Ligaya war nämlich nach Pinamihogan gekommen, um ihrer Schwester und ihrem Schwager während der Erntezeit zu helfen. Da fiel immer eine Menge Arbeit an.

Tante Ligaya gab Liwayway einen leichten Stoß, so daß sie im Tuch hin und her schaukelte. Dem Baby schien das zu gefallen. Und Tante Ligaya stieß es noch etwas heftiger an.

Liwanag und Lakandula stürmten die Stufen hinauf, die zur Veranda führten. Wie alle Häuser in dieser Gegend stand auch das Haus der Oropetas auf Pfählen. So war es gut gegen Überschwemmungen geschützt. Und wenn es heiß war, konnte der Wind unter dem Haus hindurchstreichen und etwas Kühlung bringen. Zwischen den Pfählen hausten die Hühner und das Schwein. Liwanag konnte es nachts spüren, wenn es seine Borsten gegen den Pfahl rieb, über dem sie auf dem geflochtenen Boden schlief.

«Mutter! Die Becher!» keuchte Liwanag, als sie die Veranda erreicht hatte.

«Wenn es Nüsse gibt, kann es euch nie schnell genug gehen.» Flore lächelte. Sie stellte die Becher auf die Veranda. Einen gab sie Johny in seine kleinen Hände. Ligaya nahm Liwayway aus dem Hängetuch.

Inzwischen war auch Mulawin angekommen.

«Her mit den Nüssen! Ich schlage sie euch sofort auf.»

Er hatte bereits die Machete in der Hand. Als Lakandula und Liwanag die Nüsse vor ihm auf den Boden gelegt hatten, nahm er eine auf, schlug mit einem sicheren Hieb den oberen Teil ab und goß den milchigen Saft in die Gefäße. Dann öffnete er die zweite und schließlich die dritte Nuß. Er stellte die Becher mitten auf den Boden der Veranda.

Liwanag liebte Kokosnußmilch über alles. Sie tanzte um die Becher herum und klatschte dabei in ihre Hände.

«Ko-ko-Kokosnuß», sang sie und wiegte ihre Hüften zur Seite.

«Das kannst du aber schon gut», lobte Tante Ligaya.

«Wenn ich groß bin, will ich Tänzerin werden», entgegnete Liwanag und beugte ihren Oberkörper noch weiter nach links und nach rechts.

«Das bist du heute schon», lachte Tante Ligaya.

Liwanag reckte sich stolz und wirbelte über die Veranda. Tante Ligaya tanzte mit und hielt dabei ihr Baby auf dem Arm. Der kleinen Liwayway schienen die Umdrehungen zu gefallen. Tante Ligaya sang immer ausgelassener und mußte bereits nach Luft schnappen. Mulawin und Lakandula klatschten mit und gaben den Rhythmus an. Ihr Klatschen wurde immer schneller und wilder. Liwanag drehte sich um sich selbst, und alles in ihrem Kopf schien sich mitzudrehen. Sie breitete ihre Arme aus und kreischte vor Vergnügen. Ihr Schwindel wurde immer heftiger. Ziellos taumelte sie von einer Ecke der Veranda in die andere. Sie begann zu schwanken und hielt sich dann lachend an einem der Holzpfosten fest.

Plötzlich vernahm sie ein Krachen im Dach. Es ging fast unter im Klatschen, Singen und Kreischen. Liwanag schaute nach oben. Alles drehte sich in ihrem Kopf.

Eine Kokosnuß, dachte sie. Aber Vater hat doch alle Nüsse von der Palme über dem Haus rechtzeitig abgeschlagen, noch bevor sie richtig reif geworden waren. Ob er eine übersehen hatte?

Sie konnte den Gedanken nicht zu Ende denken, da krachte es wieder. Die Hühner unter dem Haus gackerten verschreckt. Das Schwein quietschte ängstlich.

«Kopf runter!» schrie Mulawin. «Werft euch hin!»

Er ließ sich zu Boden fallen und riß Liwanag an dem rechten Arm zu sich hinunter. Tante Ligaya hatte vor Schreck ihr Baby so fest an sich gedrückt, daß es zu schreien begann.

«Hinwerfen!» schrie Mulawin wieder.

Seine Frau stand wie angewurzelt an der Feuerstelle und starrte verständnislos auf die Veranda. Als sie sich zu Boden warf, lief Johny weinend auf sie zu. Er fühlte nur, daß etwas Schlimmes geschah, und suchte Schutz in ihren Armen.

Da krachte es wieder. Und wieder. Und wieder. Johny fiel taumelnd in die Arme seiner Mutter.

«Die schießen! Um Himmels willen, die schießen!» entfuhr es Mulawin.

«Wer denn?» keuchte Ligaya, die vom Tanzen und Singen noch ganz außer Atem war.

Aber das wußte Mulawin auch nicht. Vorsichtig schob er sich über den Boden zur Brüstung der Veranda und versuchte über den Rand zu schauen. Dabei peitschte eine Salve von Gewehrschüssen über seinen Kopf hinweg. Sofort zog er ihn wieder ein. Andere Schüsse durchschlugen das Flechtwerk der Wände.

Lakandula lag geduckt auf dem Boden und schrie. Liwanag hatte noch gar nicht begriffen, was vor sich ging. Sie starrte noch immer zum Dach der Veranda hinauf, das sich über ihr zu drehen schien. Der Wirbel in ihrem Kopf ließ langsam nach. Aber noch bevor ihre Augen wieder festen Halt finden konnten, schlug eine neue Maschinengewehrsalve ins Haus ein.

«Johny!»

Flore schrie auf.

«Halt ihn fest», stieß Mulawin hervor. «Sonst läuft er noch zur Treppe.»

«Nein», stammelte Flore leise. «Nein, das tut er nicht mehr.»

Sie umschlang Johnys Körper. Er lag schwer in ihren Armen. Die Arme zitterten.

Von draußen waren aufgeregte Schreie und Befehle zwischen den Schüssen zu hören.

«Rauskommen!» rief eine Stimme.

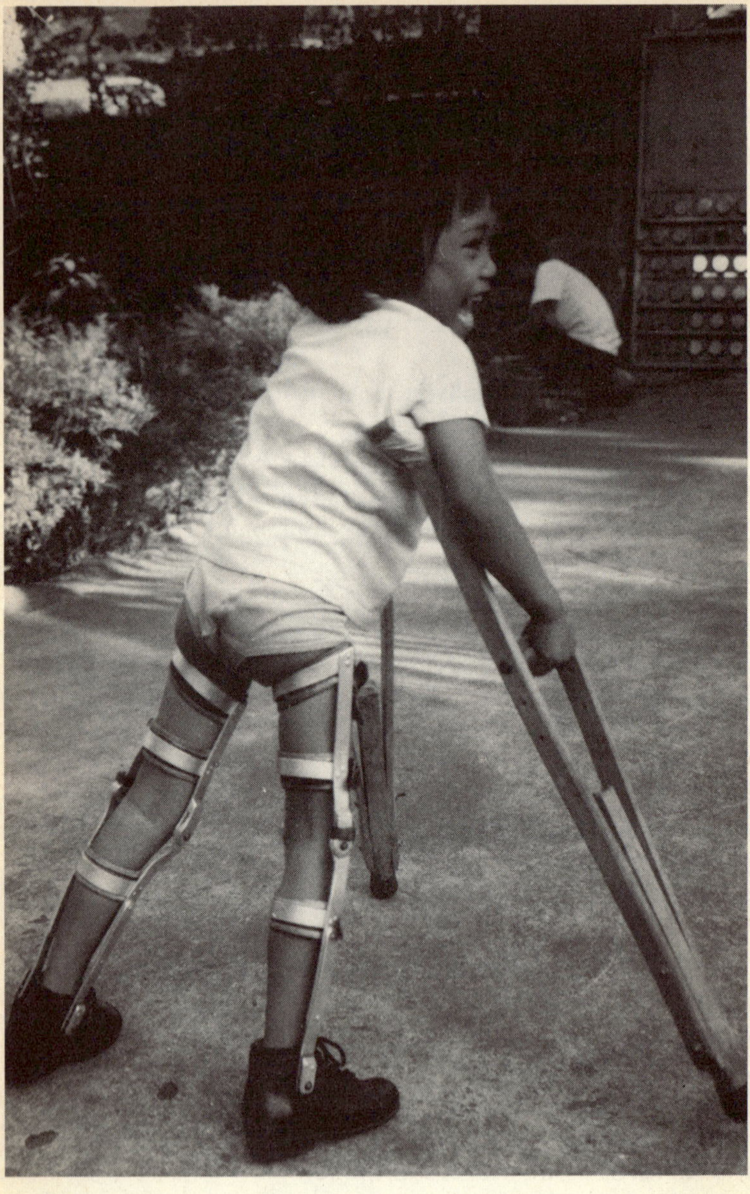

Keiner im Haus wagte sich zu bewegen.

«Rauskommen, ihr Hunde!» wiederholte die Stimme und überschlug sich dabei fast.

Mulawin bewegte sich als erster. Langsam schob er sich auf Händen und Knien zur Treppe. Er gab seiner Frau und seiner Schwägerin ein Zeichen, ihm zu folgen.

«Mit erhobenen Händen!» kam ein erneuter Befehl.

Mulawin erhob sich langsam, trat geduckt an den Ausgang und hob seine Hände. Er blickte in ein paar Gewehrläufe. Sie kamen aus den Büschen heraus, die auf der anderen Seite des Weges standen. Als er seine Blicke vorsichtig nach links zu den Kokospalmen richtete, erkannte er auch dort Männer, die ihre Waffen auf ihn gerichtet hatten.

«Alle!»

Die Stimme, die aus den Büschen kam, klang drohend.

Mulawin blickte sich kurz zu seiner Familie um und gab ihr ein Zeichen, ebenfalls zum Ausgang zu kommen.

Erst folgte Tante Ligaya mit ihrem Baby, dann Liwanag, Lakandula und schließlich Flore mit Johnys leblosem Körper. Angst stand in ihren Augen, als sie langsam die Stufen hinuntergingen.

Dann brachen wieder Gewehrsalven über sie herein. Liwanag lief schreiend über den Weg. Sie spürte einen brennenden Schmerz im Rücken. Sie taumelte. Dann stürzte sie in den staubigen Lehm.

Mulawin sprang zu ihr und schleifte sie vom Weg in das Maisfeld, das sich gleich neben dem Haus erstreckte. Als er gerade zwischen den Maispflanzen verschwinden wollte, durchzuckte ihn ein reißender Schmerz im linken Bein. Er stolperte und fiel zu Boden. Durch die Pflanzen konnte er erkennen, daß Liwanag noch auf dem Weg lag. Er schob sich nach vorn und zog sie zu sich ins Feld. Ihr Atem ging schwer. Mulawin nahm seine Tochter in beide Arme und versuchte sich aufzurichten. Er meinte, die Schmerzen kaum aushalten zu können. Der Schuß hatte sein linkes Knie getroffen. Gebückt bewegte er sich durch das Maisfeld. Neben ihm schlugen Kugeln in den Mais ein und zerfetzten die Blätter.

Nur fort von hier, hämmerte es in Mulawins Kopf. Nur fort! Liwanag muß in Sicherheit gebracht werden!

Die beiden Frauen liefen ins Reisfeld, das auf der anderen Seite des Hauses lag. Da wurde Tante Ligaya im Rücken von einem Geschoß getroffen. Es durchdrang ihre Brust und dann den Kopf ihres Babys, das sie in ihren Armen fest an sich gedrückt hatte. Sie wälzte sich in dem morastigen Boden des Reisfeldes und schrie laut.

«Nein! Nein!» Das war alles, was sie hervorbrachte.

Flore nahm ihr das Baby aus den Armen.

Einen Monat hat es gelebt, dachte Flore. Mehr hat ihm diese Welt nicht gegönnt.

Die Schießerei dauerte an. Vier Stunden lang. Stunden, die Flore wie eine Ewigkeit vorkamen. Schließlich zerfetzte eine Handgranate das Haus. Der Lärm war ohrenbetäubend. Dann wurde es stiller. Nur Lakandula jammerte noch. Auch er war getroffen worden.

«Kommt aus dem Feld heraus!» rief einer der Männer.

Flore war jetzt alles egal. Irgendwann mußte sie ja doch hervorkommen. Ihre Schwester und Lakandula brauchten Hilfe. Sie trat aus dem Feld heraus.

«Geh ins Haus!» befahl ihr einer der Männer, die jetzt hinter ihren Deckungen hervortraten.

«Sieh nach, ob noch Rebellen drin sind!»

«Da sind keine Rebellen im Haus!» schrie ihm Flore entgegen. «Und es waren auch nie welche drin. Aber Kinder! Ihr schießt auf Kinder!»

Sie hielt den 25 Männern, die jetzt vor den Resten des Hauses standen, die leblosen Körper von Johny und Liwayway entgegen. «Sind das die Rebellen, die ihr sucht?»

Sie hätte sich auf die Männer stürzen können, so wütend und verzweifelt war sie. Flore hatte gleich erkannt, daß es Soldaten waren.

«Wer Rebellen Unterschlupf gewährt, darf sich hinterher nicht beschweren, wenn's ihn auch erwischt.»

«Welche Rebellen?» Flore schüttelte verständnislos den Kopf.

«Stell dich nicht so dumm an», fuhr sie einer der Männer an, der der Kommandant zu sein schien.

«Wir waren hinter Rebellen her», erklärte einer seiner Soldaten. «Wir dachten, daß sie sich in eurem Haus versteckt hätten.» Er zuckte mit den Schultern. «Aber da scheint ja niemand mehr zu sein.»

«Im Haus?» fragte Flore bitter und blickte auf die Trümmer.

«Bedankt euch bei den Rebellen», ergriff jetzt wieder der Kommandeur das Wort. «Oder seid ihr etwa selber welche?»

Flore wußte, daß es jetzt besser war, zu schweigen. Denn wer für die Rebellen Partei ergriff, gehörte selbst zu ihnen. Und sie wußte, daß Mulawin ihnen gelegentlich etwas Reis gegeben hatte. Schließlich waren es die einzigen, die Marcos und seinen Soldaten die Stirn boten. Aber ihr Mann war nie einer von ihnen gewesen.

Flore zeigte müde auf jene Stelle im Reisfeld, wo ihre Schwester und Lakandula lagen.

«Bringen Sie die zur Krankenstation. Sie brauchen dringend Hilfe.»

Nach einiger Zeit war das Knattern eines Hubschraubers in der Luft zu hören. Er setzte im Reisfeld auf. An den weißen Buchstaben, die auf seine Seitenwand gemalt waren, erkannte Flore, daß Soldaten der Philippines Constabulary den Überfall auf ihr Haus verübt hatten. Sie flogen die beiden Frauen, ihre ermordeten Kinder und Lakandula ins Hospital nach Naga. Um halb fünf am Nachmittag kamen sie dort an.

Mulawin war währenddessen zum Haus seiner Eltern gekrochen, die in der Nähe wohnten. Sie legten ihn und Liwanag auf einen Bambusschlitten. Die beiden mußten so schnell wie möglich ins Hospital. Darum spannten Mulawins Vater und ein paar Nachbarn gleich drei Wasserbüffel vor die Schlitten. Es war ein weiter Weg. Und ein schlechter obendrein. Jede Unebenheit der Straße bereitete Mulawin und Liwanag Schmerzen. Vier Stunden brauchten die Büffel, bis sie das Krankenhaus erreichten.

So endete der Tag, der Liwanags Leben völlig veränderte. Würde jetzt ihr Traum, eine Tänzerin zu werden, für immer ein Traum bleiben?

Flore schiebt Liwanags Hemdchen hoch. Auf dem Rücken wird eine Wunde sichtbar, so groß wie ihre Hand.

«Hier sind die Kugeln in den Rücken eingedrungen», sagt Flore, «und dann sind sie zerborsten.»

Flore holt einen alten Umschlag hervor und zieht eine Röntgenaufnahme heraus. Ich halte sie gegen das Licht. Flore zeigt mit dem Finger auf die vielen schwarzen Punkte.

«Da. Sieh hin. Die Kugel. Und dann die hier. Zersplittert in viele Teile. Überall.»

Eine der Kugeln steckte im Rückgrat. Die Ärzte entschieden, sie nicht herauszuoperieren. Das Risiko sei zu groß, sagten sie.

Liwanag wurde von Krankenhaus zu Krankenhaus gebracht. Im St. John Hospital konnten Mulawin und Liwanag nur erste Hilfe bekommen. Sie wurden danach sofort ins Camarines Sur Regional Hospital gebracht. Dort blieb sie zwei Monate. Im Dezember wurde sie von Soldaten nach Manila in ein Militärkrankenhaus geflogen, und nach drei Tagen wurde sie in die orthopädische Klinik überführt. Dort blieb sie vom 29. Dezember bis zum 28. Januar. Und dann kam sie in ein Kinderhospital. Dort behielt man sie nur wenige Tage. Am 12. Februar wurde sie ins Allgemeine Krankenhaus von Manila verlegt.

«Wir mußten 200 Pesos für das Krankenhaus bezahlen», berichtet Flore. «Stell dir vor: 200 Pesos. Und wir hatten doch gar nichts. Ich habe mir große Sorgen gemacht, weil ich nicht wußte, wovon wir die Krankenhausrechnung bezahlen sollen. Und ich

hatte Angst, daß die Soldaten wiederkämen und uns abholen würden. Ich hatte schreckliche Angst.»

Um Liwanag nicht allein im Krankenhaus zu lassen, saßen Flore, Mulawin und Lakandula den ganzen Tag an ihrem Bett. Nachts schliefen sie darunter und davor auf dem Boden. Wo hätten sie auch sonst hingehen sollen. Sie kannten ja niemanden in der Hauptstadt. Nur von einer Verwandten wußte Flore, daß sie nach Manila gegangen war. Aber sie hatte ihre Adresse nicht. Und wie sollte man einen einzelnen Menschen in dieser riesigen Stadt finden?

Flore irrte tagelang durch die Straßen Manilas. Insgeheim hoffte sie, daß sie ihre Verwandte auf der Straße treffen würde. Aber daß Manila so groß war, hatte sie sich nicht vorgestellt. Man konnte Stunden laufen, und überall waren die Straßen verstopft mit Menschen und Autos. Manila war eine Stadt, die einem schon angst machen konnte.

Eines Tages kam Schwester Amelia in Liwanags Krankenzimmer. Die Nonne fragte nach ihrem Schicksal und nach dem der ganzen Familie. Danach besuchte Schwester Amelia sie regelmäßig. Und dann traten wieder Fremde an Liwanags Bett. Es waren Mitarbeiter des Rehabilitationszentrums für Kinder. Sie besuchten einen Jungen im gleichen Krankenhaus. Allee hatte ein ähnliches Schicksal wie Liwanag. Auf ihn hatten auch Soldaten geschossen. Als die Mitarbeiter von Schwester Amelia hörten, daß Liwanag nur ein paar Zimmer weiter lag, wollten sie sie kennenlernen. Gemeinsam wurde überlegt, wie es weitergehen konnte.

Als Liwanag aus dem Krankenhaus entlassen wurde, nahm Schwester Amelia die ganze Familie in ihrer kleinen Station auf. Dort durfte Mulawin sich für seine Familie einen Raum herrichten. Und er baute einen kleinen Laufsteg. Er rammte vier Pfähle in den Boden und verband jeweils zwei mit einer Bambusstange. Zwischen beiden Stangen war gerade so viel Platz, daß Liwanag hindurchgehen konnte.

Hindurchgehen? Zunächst hangelte sie sich mit ihren Händen an den Stangen entlang. Ihre Beine konnte sie immer noch nicht wieder bewegen. Aber mit viel Übung, so hatten die Ärzte gesagt, würde sie vielleicht wieder laufen lernen. Vielleicht.

Liwanag will es schaffen. Und darum übt sie hart. Jeden Tag. Sie trainiert mit viel Ausdauer und Geduld. Vor zwei Monaten gehorchten ihr ihre Beine noch gar nicht. Und jetzt kann sie sie schon wieder etwas bewegen. Liwanag ist stolz auf ihren Erfolg und lächelt zufrieden, als ich Beifall klatsche.

Das Rehabilitationszentrum hat ihr einen orthopädischen Gehapparat besorgt. Wenn sie ihn um ihre Beine geschnallt hat und sich auf Krücken stützt, kann sie sich sogar schon wieder von ganz allein fortbewegen. Es ist noch sehr anstrengend. Aber trotzdem träumt Liwanag manchmal schon wieder davon, Tänzerin zu werden.

Inzwischen lebt Liwanag mit ihren Eltern und ihrem Bruder bereits ein halbes Jahr in Manila. Das Heimweh läßt sie immer häufiger an ihr Dorf denken. Und wovon sollen sie in Manila auf Dauer leben? Hier haben sie kein Haus, keine Felder, keinen Büffel. Eigentlich haben sie gar nichts hier. Und zu Hause, in Pinamihogan? Die Soldaten haben ihr Haus zerstört, der Büffel mußte verkauft werden, um die Krankenhauskosten zu bezahlen. Und mit dem Maisfeld war es nicht anders. Auch das war inzwischen verkauft.

Aber Mulawin und Flore haben viel Hoffnung. Ihre Sehnsucht nach ihrem Zuhause ist heute größer als die Angst, daß die Soldaten wiederkommen könnten. Darum werden sie morgen zurück in den Süden von Luzon fahren. Viel zu packen haben sie nicht. Sie besitzen nicht viel. Das Wichtigste wird Liwanags Gehapparat sein. Und die Machete, die Mulawin gekauft hat. Er wird sie auf dem Feld gebrauchen können.

Wenn sie in ihrem Dorf ankommen, können sie zunächst in der Scheune des Besitzers der Felder wohnen. Mulawin will versuchen, wieder Reis anzubauen. Darum wird es jetzt höchste Zeit, denn die Setzzeit beginnt. Ob sein verletztes Knie die starke Belastung der Arbeit aushalten wird?

Mulawin zuckt mit den Schultern. Man wird abwarten müssen.

Flore denkt daran, einen kleinen Laden einzurichten, in dem sie ein paar Dinge verkauft, die sie zuvor aus der Stadt holt.

Aber sowohl für den Laden als auch für das Saatgut benötigen sie Geld. Woher sie das nehmen sollen, wissen sie noch nicht. Irgendwie wird es klappen, hoffen sie. Für sie steht fest: Morgen, am 3. Mai, werden sie in den Bus steigen, der sie 21 Stunden lang immer nach Süden fahren wird. Das letzte Stück werden sie mit einem Wasserbüffel zurücklegen müssen. Dann werden sie alles wiedersehen: die Felder, die Palmen, die Ruine ihres Hauses. Sie freuen sich auf diesen Augenblick und haben doch gleichzeitig Angst vor ihm.

Auch am Abend ihres letzten Tages in Manila übt Liwanag. Sie sitzt auf einer Bank und hebt ihre Beine.

Einmal. Zweimal. Dreimal. Viermal...

Ihre Mutter zählt laut mit.

«Zehn, elf, zwölf...»

Liwanag preßt ihre Lippen zusammen. Sie will es schaffen.

«Dreizehn, vierzehn, fünfzehn.»

Sie schaut zu ihrer Mutter herüber. Dann zu mir.

«Sechzehn, siebzehn.»

Liwanag blickt angestrengt auf die Spitze ihrer Füße.

«Achtzehn, neunzehn.»

Ein Strahlen geht über ihr Gesicht.

«Zwanzig.»

Geschafft!

Erschöpft läßt sie ihre Beine zu Boden sinken. Aber ihre Arme wirft sie vor Freude in die Luft. Geschafft! Zwanzigmal! Und vor acht Wochen noch glaubte sie, sie nie wieder bewegen zu können. Sie will wieder laufen können und eines Tages vielleicht sogar tanzen.

Inday June

Inday June, ein merkwürdiger Name für ein Mädchen. Er wird es ein Leben lang daran erinnern, wie und wo es geboren wurde: Inday June, da drinnen an einem Tag im Juni.

Als Inday June noch längst nicht geboren war, wurde ihre Mutter Judy Taguiwalo in der Stadt Angeles City von Männern auf offener Straße ergriffen. Es war der 28. Januar 1984. Die Männer waren Agenten der regionalen Sicherheitspolizei. Sie verhafteten Judy und wollten sie mitnehmen. Da kamen ihr Passanten zu Hilfe. Doch die Männer behaupteten, daß Judy Mitglied der kommunistischen Untergrundarmee (NPA) sei, und hielten die Passanten fern. Obwohl kein Haftbefehl gegen Judy vorlag, nahmen die Polizisten sie mit.

Bald erwies sich die Anklage als unhaltbar. Doch Judy mußte auch weiter im Gefängnis bleiben. Wochen nach ihrer Festnahme wurde ihr unterstellt, am Mord eines Regierungsbeamten, dessen Namen man nicht einmal angeben konnte, beteiligt gewesen zu sein.

Judy Taguiwalo war 34 Jahre alt. Sie arbeitete als Sozialarbeiterin in den Elendsvierteln von Manila. Sie bemühte sich aber auch um bessere Lebensbedingungen für die Menschen auf dem Lande. So wollte sie verhindern helfen, daß immer mehr Menschen aus den ländlichen Gebieten in die Städte ziehen und die Probleme dort vergrößern. Außerdem arbeitete sie aktiv in der Frauenbewegung mit. Der Polizei schien das alles Grund genug, um Judy gefangenzuhalten.

Zum erstenmal war sie 1973 verhaftet worden. Eineinhalb Jahre blieb sie ohne genaue Anklage und Gerichtsverfahren im Gefängnis. Präsident Marcos hatte gerade das Kriegsrecht über die Philippinen verhängt und trieb seine Kritiker in großer Zahl hinter Gefängnismauern. Über diese Zeit redet Judy ungern.

«Zwei Tage und Nächte wurde ich gefoltert. Ich wurde geschlagen und getreten. Ich mußte mich nackt ausziehen und während des Verhörs so lange auf einem Eisblock sitzen bleiben, bis der geschmolzen war. Niemand kann sich diese Schmerzen vorstellen.»

Als Judy im Sommer 1984 erneut verhaftet wurde, war sie schwanger. Am 15. Juni kam ihre Tochter hinter Gefängnismauern zur Welt. Darum nannte sie ihr Kind Inday June, das heißt: «da drinnen an einem Tag im Juni.»

Das Leben im Gefängnis prägte das kleine Mädchen. Über Fremde war sie stets verwirrt, denn Besuch kam nur selten, und sie war nicht daran gewöhnt.

Manchmal holte Judys Mutter Inday June. Aber lange hielt es das Mädchen nicht bei ihr aus.

«Großmutter», so drängte sie dann, «ich will nach Hause.»

Inday Junes Zuhause war das Gefängnis, eine karge, rechteckige Zelle, die Betonmauern des Hofes, Stacheldraht und Wachtürme: Camp Crame, mitten in Manila.

Judy wußte, daß das kein geeigneter Ort war, um ein Kind heranwachsen zu lassen. Aber sie wußte auch, daß ein Kind die Liebe seiner Mutter braucht. Darum stand für sie fest, daß sie Inday June so lange bei sich im Gefängnis behalten würde, bis sie selbst irgendwann entlassen wurde.

Dann kamen die Februar-Ereignisse des Jahres 1986. Für Judy und Inday June öffneten sich die Gefängnistore. Inday June war verwirrt. Sie wollte wieder nach Hause. Und ihr Zuhause war das Gefängnis.

Erst langsam konnte sie sich daran gewöhnen, frei zu sein. Für Judy bedeutete Freisein Arbeitslosigkeit. Und es hieß, kein Dach über dem Kopf zu haben. Sie kam bei Freunden unter, mal hier, mal dort. Damit Judy und Inday June wirklich frei werden, muß sich noch viel auf den Philippinen ändern.

Buriong

Antonio bog von der Hauptstraße ab. Jetzt hatte er es nicht mehr weit bis nach Hause. Seine Arme hingen schwer und kraftlos herunter. Seine Schritte waren langsam. Er fühlte sich hungrig und müde. Aber nicht nur sein Körper schien ohne Kraft zu sein. Auch tief in seinem Inneren fühlte er diese Müdigkeit.

Die letzten Wochen waren hart gewesen. Fünfzehn Tage hatten sie mit ihrem Streik durchgehalten. Alle in der Fabrik waren sich einig gewesen, daß sie wenigstens den Mindestlohn erhalten müßten. Dafür hatten sie gestreikt, für nicht mehr und für nicht weniger.

Die Zeit war nicht leicht gewesen. Aber sie hatten alle zusammengehalten. Ohne Lohn war das Leben von Tag zu Tag schwieriger geworden. Nach einer Woche hatte er Elvi zu seinem Bruder in die Provinz geschickt. Seine Frau hatte nie so recht verstanden, warum er in der Gewerkschaft mitarbeitete.

«Der Boss ist stärker als wir alle zusammen», hatte sie oft gesagt. «Sieh das doch endlich ein und halte dich da raus.»

Aber Antonio wollte sich nicht heraushalten. Er wollte für sein Recht kämpfen und wenn es sein mußte, auch mit einem Streik.

Elvi hatte Dolores und Juanito mitgenommen. Sie waren erst neun und zehn Jahre alt. José war bei ihm in Manila geblieben. Er ging bereits in die sechste Klasse und wollte den Unterricht nicht versäumen. Als das Geld aber immer knapper wurde, war er nicht mehr zur Schule gegangen. Statt dessen hatte José versucht, eine Arbeit zu finden. Er verkaufte Bonbons und Zigaretten auf der Straße. Allerdings konnte er nicht einmal selbst von dem, was er verdiente, satt werden.

Doch die Opfer schienen sich gelohnt zu haben. Fast wäre Antonios Arbeitgeber bereit gewesen, den Lohn zumindest etwas anzuheben. Aber dann mußte er herausbekommen haben, daß die Lage der meisten Arbeiter und ihrer Familien immer schwieriger wurde. Irgendeiner von ihnen mußte geredet haben, vielleicht für ein paar Pesos oder für etwas Reis. Die Fabrikleitung hatte sofort alle Verhandlungen mit den Arbeitern abgebrochen. Schließlich mußten sie aufgeben. Nichts hatten sie erreicht.

Ob Elvi doch recht gehabt hatte? Antonio schüttelte seinen Kopf. Sie hätten es ja fast geschafft.

Inzwischen war Antonio zu Hause angekommen. Er trat in den kleinen Raum ein. José wartete bereits auf ihn. Seinen Tagesverdienst hatte er auf den Tisch gelegt.

«Viel ist es ja nicht», murmelte Antonio. Er ließ sich auf einen Stuhl fallen. Als er Josés enttäuschtes Gesicht sah, versuchte er zu lächeln.

«Ist schon gut. Mehr kann ich auch nicht dazulegen. So sind eben die Zeiten. Aber wenn wir den Streik durchgehalten hätten, wenn nicht einer geredet hätte, ja dann...»

«Jetzt fang nicht schon wieder von dem Streik an. Immer nur hätte und wäre!»

José ging aus dem Zimmer. Antonio stützte seinen Kopf in die Hände.

José hatte recht. Aber es wäre ja alles gutgegangen, hätte nicht...

Antonio mußte über seine eigenen Gedanken lächeln. Er stand auf, um Reis zu kochen. Er hatte keine Übung darin, ihn zuzubereiten.

Das Schwierige beim Kochen sind die Soßen, dachte Antonio. Und die gibt es ohnehin nicht.

Er schaltete das Radio ein. Als der Reis fertig war, kam José zurück. Sie setzten sich beide an den Tisch, aßen schweigend und hörten die Nachrichten.

«Wollen die uns für dumm verkaufen oder glauben die das selber!»

Antonio stand auf und schaltete verärgert das Gerät aus. Eine Zeitlang saßen sie wieder schweigend am Tisch. Dann stellte Antonio das Radio wieder an. Er konnte die Stille nicht ertragen. Die Ansagerin kündigte die Hitparade an. José stellte das Gerät lauter.

«Stell mal leiser», sagte Antonio plötzlich und hob den Kopf. «Sind da nicht Schritte?»

José zuckte mit den Schultern. Dann wurde die Tür aufgestoßen. Ein Mann stürzte herein. Er hielt eine Pistole in der Hand. Drei weitere mit Maschinengewehren folgten ihm.

«Hände hoch!» schrie der mit der Pistole.

Antonio und José starrten die Männer an.

«Hände hoch, habe ich gesagt!»

Der Mann machte eine Aufwärtsbewegung mit seiner Pistole.

«Ich sag das kein drittes Mal!» Seine Stimme klang drohend. Antonio und José erhoben ihre Hände. Während drei der Männer ihre Maschinengewehre auf die beiden richteten, durchsuchte der vierte sie nach Waffen.

«Name!» schrie er Antonio an.

«Silva. Antonio Silva», antwortete Antonio stockend.

Der Mann zeigte mit seiner Pistole auf José.

«Das ist José, mein Sohn.»

«Mitkommen!»

«Aber was soll das?» Antonio sah die Männer fragend an.

«Halt den Mund! Gleich stellen wir die Fragen. Dann kannst du reden. Und wehe, du tust es nicht!»

Die Männer ergriffen Antonio und José, führten sie auf die Straße und stießen sie in ein Auto. Dann fuhr der Wagen los. Die Männer zogen ihnen Säcke über das Gesicht, so daß sie nicht wußten, wohin sie fuhren. Als der Wagen wieder anhielt, wurden sie durch einen Gang geführt. Eine Tür wurde geöffnet. Antonio und José wurden auf zwei Stühle gedrückt. Dann wurden ihnen die Säcke vom Kopf genommen.

Die beiden mußten sich erst an das grelle Licht der Glühbirne gewöhnen, die von der Decke hing. Langsam konnte José die Umrisse eines Tisches erkennen. Dahinter war ein Gesicht zu sehen. Der Mann, zu dem es gehörte, trug eine Uniform.

«Du warst also einer der Anführer!»

Das klang nicht wie eine Frage. Es hörte sich mehr wie eine Feststellung an. Der Mann in der Uniform erhob sich. Er wartete keine Antwort ab.

«Sag, wer den Streik sonst noch mit organisiert hat. Dann lassen wir dich in Ruhe.»

Jetzt wußte Antonio, was sie wollten. So hatten sie auch wohl denjenigen zum Reden gebracht, der ihnen berichtet hatte, daß den Streikenden bald die Luft ausgehen würde.

«Jetzt fang endlich an!»

Die Stimme des Uniformierten wurde höher und lauter. Er setzte sich auf den Tisch und tippte nervös mit einem Kugelschreiber auf die Holzplatte.

«Na, wird's bald? Ich habe keine Lust, lange zu warten.»

Als Antonio weiter schwieg, sprang der Uniformierte von der Tischplatte herunter.

«Gut. Bis morgen kannst du es dir noch überlegen. Aber überlege es dir gut. Denn dann ziehen wir hier andere Seiten auf. Wir kennen da viele kleine Hilfestellungen, dir den Mund zu öffnen. Stöcke, Seile, Wassereimer, Eisblöcke, kleine Elektrogeräte. Na, lassen wir das.»

Er verschränkte seine Hände vor der Brust. «Ich bin sicher, du wirst es dir noch einmal überlegen. Morgen wirst du vernünftig sein. Du wirst reden.»

Der Mann in Uniform wandte sich an José.

«Und jetzt zu dir.»

Er baute sich vor Josés Stuhl auf.

«Was machst du?»

José blickte fragend seinen Vater an. Der nickte unmerklich.

«Ich verkaufe Zigaretten und Kaugummis. Bis vor kurzem ging ich noch in die Schule.»

«Du arbeitest nicht in der Fabrik?»

José schüttelte den Kopf. Der Uniformierte wandte sich an die beiden Soldaten, die neben der Tür standen.

«Laßt ihn gehen. Und den da bringt in die Zelle.»

Er zeigte auf Antonio.

«Aber Sie können meinen Sohn doch nicht allein...»

«Du kannst ja doch reden», lächelte der Mann in Uniform gekünstelt. «Das freut mich für dich. Du hast recht, wir sollten deinen Sohn nicht sich selbst überlassen. Vielleicht können wir ihn noch gebrauchen.»

Er warf den Soldaten an der Tür einen Blick zu.

Die ergriffen Antonio und José und führten sie über einen langen Gang, bis sie an einer Eisentür anhielten. Sie öffneten das Schloß und schoben die beiden hinein.

Die Zelle mochte vielleicht vier mal sieben Schritte groß sein. Sie hatte ein kleines vergittertes Fenster. Aber es war dunkel draußen, und sie konnten nichts erkennen. Eine Sichtblende versperrte den Blick zu den Sternen. Der größte Teil des Raumes wurde von einer Holzpritsche ausgefüllt, auf der eine Decke lag. In der Ecke stand ein Eimer, daneben eine Blechkanne mit Wasser. Antonio und José starrten auf den abbröckelnden Putz der Wände. Hinter ihnen wurde die Tür ins Schloß geschlagen.

«Antonio Silva! Mitkommen!»

Die Stimme dröhnte in Josés Ohren. Er konnte den Mann, zu dem sie gehörte, im Gegenlicht nicht erkennen. Sein Vater fuhr hoch.

«Mitkommen!»

Die Stimme klang ungeduldiger. Antonio richtete sich auf und fuhr sich mit den Händen über die Haare. Dann trat er schlaftrunken zur Tür. Er drehte sich noch einmal zu José um. Doch da wurde er auch schon in den Gang gezogen. Die Tür fiel zu. Der Riegel wurde wieder vorgeschoben. Die Schritte entfernten sich nicht weit. Der Nachbarraum wurde geöffnet und wieder geschlossen.

José horchte an der Wand. Er drückte sein rechtes Ohr dicht an die Steine. Er konnte die Stimme des Uniformierten erkennen. Und er vernahm die Stimme seines Vaters. Dann hörte er einen Schrei.

«Nein! Nein!»

José zuckte zusammen. Danach war nur noch ein schwaches Stöhnen zu hören. Dazwischen polterte immer wieder die Stimme des Uniformierten. José hielt sich die Ohren zu.

«Ich träume nur. Ich träume nur», schrie er. Er trommelte mit den Fäusten gegen die Wand. Sie begannen zu schmerzen. José wußte, daß er nicht träumte. Da hockte er sich in eine Ecke und begann zu weinen.

Es kam José vor, als ob er eine Ewigkeit so gesessen hätte. Plötzlich wurde die Tür wieder geöffnet. Für einen kurzen Augenblick wurde es hell in der Zelle. Sein Vater wurde hineingestoßen.

«Und wenn du morgen nicht redest, ist dein Sohn als nächster dran», rief ihm einer der Soldaten nach.

Dann schloß sich die Tür wieder hinter Antonio. Er schwankte auf die Pritsche zu und ließ sich auf ihr nieder. Er stöhnte vor Schmerzen.

José wagte nicht, ihn anzusprechen. Noch nie hatte er seinen Vater so schwach und elend gesehen. Für ihn war er sonst immer der Starke und Kämpferische gewesen. Jetzt lag er gekrümmt vor ihm auf der Pritsche und stöhnte leise vor sich hin.

José und Antonio sprachen kaum miteinander. Als sich die Tür am nächsten Tag öffnete, spürte José, wie Angst ihm die Kehle zuschnürte. Seine Hände begannen zu zittern. Die Soldaten brachten seinen Vater in den Nebenraum. José horchte wieder an der Wand. Er hörte die Stimme des Uniformierten und zwischendurch, sehr leise, die Stimme seines Vaters.

José hatte kein Gefühl dafür, wie lange er an der Wand gehorcht hatte. Irgendwann hörte er wieder Schritte im Gang und dann das Öffnen der Tür. Sein Vater trat ein und blieb noch lange Zeit an der Tür stehen, auch als sie schon längst wieder hinter ihm verriegelt worden war. Dann ließ er sich auf die Pritsche fallen. Lange saß er da, in sich zusammengesunken, und blickte José an. Schließlich stand er auf, um sich einen Becher voll Wasser aus der Blechkanne zu schöpfen. Er strich dabei mit der Hand über Josés Haare. Dann setzte er den Becher an seine Lippen und trank ihn in langen Zügen aus, ohne abzusetzen. Als er ihn geleert hatte, starrte er ihn an und schleuderte ihn fluchend gegen die Tür. Der scheppernde Aufprall hallte im Gang wider.

«So packen sie einen! Die verdammten Hunde! Was sie nicht mit Stöcken und Elektroschocks schaffen, machen sie eben so! Verfluchtes Pack!»

Antonio schrie es gegen die Eisentür. José saß unsicher am anderen Ende der Pritsche.

«Was ist geschehen?» fragte er vorsichtig.

«Das lasse ich nicht zu!» stieß Antonio hervor.

Dann berichtete er stockend, wie er dem Druck nachgegeben und über seine gewerkschaftliche Arbeit geredet hatte.

«Aber Namen habe ich nicht genannt. Keinen einzigen.»

Er machte eine Pause. Dann fuhr er fort:

«Vielleicht holen sie mich wieder.»

Wochen vergingen. Es geschah nichts. Jeden Morgen machten Antonio und José ihre Turnübungen. Dann liefen sie in der

Zelle auf und ab, sieben Schritte hin, sieben zurück. Den größten Teil des Tages verbrachten sie auf ihren Pritschen und starrten an die Decke. Eines Tages brachte ihnen einer der Soldaten eine Bibel.

«Nimm sie wieder mit», fuhr Antonio ihn an. «Ich würde sie gerne lesen. Sehr gerne sogar. Aber von euch will ich sie nicht haben. Nicht von euch!»

Wieder vergingen Wochen. Da wurden sie eines Morgens auf den Hof geführt, in einen Wagen geschoben und zum Bicutan-Gefängnis gebracht. Warum, das sagte ihnen niemand. Dort kamen sie in eine Zelle mit fünf anderen Männern. Nur nachts wurde die Zellentür abgeschlossen. Tagsüber konnten sie sich frei auf dem Gefängnisgelände bewegen.

In einer Ecke des Hofes hatten sich die Gefangenen einen kleinen Garten angelegt. Segundino und ein paar andere pflanzten dort Gemüse an. Damit konnten sie ihre Mahlzeiten verbessern. Sie kochten selber. Von der Gefängnisleitung bekamen sie für jeden Tag acht Pesos Essensgeld. Aber das reichte nur für Reis. Da waren die Gefangenen froh, wenn sie Gemüse ernten konnten. Viele stellten auch Karten, Holzarbeiten oder Anhänger her, die sie an Besucher verkauften. Davon konnten sie sich Zigaretten kaufen. Manche ließen das Geld auch ihren Frauen und Kindern zukommen.

Für die verschiedenen Bereiche hatten die Gefangenen unter sich Komitees gebildet: eines für die handwerklichen Arbeiten, ein anderes für Sport und Medizin, eines für Erziehung und Bücherei, ein viertes für die Kinder. Denn mehrere Väter hatten ihre Söhne bei sich, da zu Hause niemand für sie sorgen konnte.

Die Tage waren eintönig. Die Ungewißheit ihres Schicksals zermürbte viele Gefangene. José half gern im Garten. Besonders freute er sich, wenn sich Segundino neben ihn auf die kleine Holzbank setzte und seine Mundharmonika aus der Hosentasche hervorholte. Segundino konnte schön spielen. Und er kannte viele Lieder. Auch solche, die man nur singen konnte, wenn die Wärter weit genug entfernt waren und nichts hören konnten.

Am Rande des Gefängnisgeländes lag eine kleine Schule. Dort wurden die Kinder des Wachpersonals unterrichtet. Aber auch die Kinder der Gefangenen durften sie besuchen. Als José gefragt wurde, ob er in die Schule kommen wolle, war er glücklich. Der Lehrer stellte ihn den anderen Schülern vor.

«Das ist José Silva.»

José wußte nicht, wo er seine Hände lassen sollte.

«José ist noch nicht lange hier. Sein Vater ist ein gefährlicher Terrorist. Aber aus José kann ja noch ein anständiger Mensch werden. Jeder soll seine Chance bekommen.»

Der Lehrer lächelte José zu und forderte ihn mit einer Handbewegung auf, Platz zu nehmen. Aber José blieb wie erstarrt stehen. Er blickte den Lehrer ungläubig an. Hatte er sich verhört? Sein Vater ein Terrorist?

José begann nervös seine Hände ineinanderzukneten.

«Willst du dich nicht setzen?»

Der Lehrer wiederholte seine Handbewegung.

«Mein Vater ist kein Terrorist», platzte José heraus. «Mein Vater setzt sich für die Rechte der Arbeiter ein, damit alle...»

«Die Geschichte kenne ich», unterbrach ihn der Lehrer. «In Geschichten- und Lügenerzählen sind alle Gefangenen ganz groß. Und die Terroristen erst recht.»

Einige Schüler kicherten.

«Aber mein Vater ist kein Terrorist.» José traten vor Wut Tränen in die Augen.

«Jetzt setz dich endlich auf deinen Platz. Einen guten Anfang machst du heute wirklich nicht.»

Der Lehrer wurde ungeduldig. José stürzte weinend aus der Klasse und rannte über den Hof.

Keuchend kam er in der Zelle an. Sein Vater lag auf der Pritsche und folgte mit seinen Augen dem Flug der Fliegen.

«Weißt du, was der Lehrer gesagt hat?» stieß José außer Atem hervor.

«Weiß ich nicht», knurrte sein Vater. Dann schrie er: «Ich will es auch gar nicht wissen. Von denen will ich nichts hören! Verstanden?» Antonios Stimme überschlug sich. «Von den Folterknechten brauchst du mir nichts zu erzählen. Nichts! Gar nichts!» Antonio war aufgesprungen und fuchtelte mit seinen Armen in der Luft herum. Er formte seine rechte Hand zu einer Pistole und schoß wild um sich. «Laß mich endlich in Ruhe!»

José blickte seinen Vater erschrocken an. «Aber Vater, der Lehrer hat doch...»

«Hör endlich auf! Raus!»

José wich einen Schritt zurück. Dann drehte er sich um und lief weinend aus dem Haus. Auf der Gartenbank ließ er sich erschöpft nieder. So einsam wie jetzt hatte er sich noch nie gefühlt.

Nach einiger Zeit setzte sich Segundino neben ihn auf die Bank. José hatte gar nicht bemerkt, daß er sich genähert hatte. Segundino legte einen Arm um Josés Schultern. Eine Weile saß Segundino so schweigend neben ihm. Schließlich sagte er leise:

«Das ist Buriong.»

José sah ihn fragend an.

«Buriong ist etwas ganz Eigenartiges.» Segundino nickte dabei mit dem Kopf. «Es ist so etwas Ähnliches wie eine Krankheit. Es gibt sie nur im Gefängnis. Buriong hat viele Ursachen. Langeweile und Einsamkeit, Angst und Wut, Gefühle des Verlassenseins und der Hilflosigkeit. Irgendwann erwischt es jeden. Irgendwann dreht jeder mal durch.»

Dann schwieg Segundino wieder.

Das Zwitschern eines Vogels drang an ihre Ohren. Sie hörten ihm eine Weile zu. Dann zog Segundino seine Mundharmonika aus der Tasche.

«Das ist so etwas wie Medizin gegen Buriong.» Er lächelte. Langsam führte er die Mundharmonika an die Lippen. José kannte die Melodie, die er blies. Er begann leise mitzusingen:

«Selbst die Vögel, die frei sind zu fliegen, werden, wenn man sie einsperrt, schreien und Widerstand leisten. Wieviel mehr wird ein Land, das so schön ist, sich danach sehnen, frei zu sein.»

Als das Lied zu Ende war, erkannte José, daß sich sein Vater mit langsamen Schritten näherte. An dem kleinen Zaun blieb er stehen. Lange schaute er José an. Seine Blicke schienen ihn um Verzeihung zu bitten. José wich den Blicken seines Vaters nicht aus. Er versuchte zu lächeln. Es fiel ihm nicht leicht, denn er wußte, daß Buriong wiederkommen konnte. Ganz plötzlich und unvorbereitet.

Büffelparade

Es tut gut, die Augen über die weiten Reisfelder schweifen zu lassen. Das satte Grün beruhigt. Doch das ist nur der Augenschein. Fragt man die Menschen, die auf den Feldern arbeiten, nach ihren Sorgen, wird man beunruhigt.

Die Felder gehören ihnen gar nicht. 1954 gab es auf den Philippinen 14000 Großgrundbesitzer. Die 221 Mächtigsten von ihnen besaßen mehr als eine halbe Million Hektar an Grund und Boden. Das war etwa ein Zehntel der gesamten landwirtschaftlichen Nutzfläche.

63 Prozent der Reispflanzer waren 1961 Kleinpächter. Sie bestellten mit ihren Familien im Durchschnitt 2,6 Hektar Land, das sie von einem Großgrundbesitzer gepachtet hatten. Die Hälfte dessen, was sie erwirtschafteten, mußten sie dem Grundbesitzer abgeben. 1963 waren nahezu ein Drittel der 27 Millionen Filipinos Kleinpächter.

Dann sollte eine Landreform den Pächtern ermöglichen, ein kleines Stück Land zu kaufen. Doch die Reform war nur ein Propagandatrick. Um die Lage der Pächter wirklich zu verändern, wurde sie viel zu langsam durchgeführt. Heute verfügen erst etwa 2300 Pächter über eine rechtmäßige Besitzurkunde für den neu erworbenen Grund und Boden. Wenn diese sogenannte Reform so zügig wie bisher weitergeht, dauert es 4000 Jahre bis zu ihrer Durchsetzung.

Die Sonne stand senkrecht am Himmel. Pedro stieg den Hügel hinauf. Er schwitzte. Trotzdem machte er große, schnelle Schritte. Gelegentlich fiel er sogar in einen leichten Trab. Immer, wenn er aus der Schule kam, schien er fast zu laufen. Er brauchte jetzt einfach die Bewegung. Einen ganzen Morgen lang still auf der Holzbank zu sitzen lag ihm nicht. In Gedanken war er dann bereits bei seinem Vater auf dem Feld und half ihm bei der Arbeit.

Pedros Vater war Reisbauer. Und für Pedro stand fest, daß er eines Tages auch Reisbauer sein und die Felder seines Vaters bebauen würde. Eigentlich war es gar nicht das Land seines Vaters. Er hatte es vom Großgrundbesitzer gepachtet, wie alle Bauern hier. Denn dem feinen Herrn, der in der Stadt wohnte, gehörten alle Felder ringsum, die Pedro vom Hügel aus sehen konnte. Ihm mußten sie in jedem Jahr die Hälfte ihrer Ernte als Pacht abgeben. Die andere Hälfte konnten sie für sich behalten.

In guten Jahren reichte das, wenn man bescheiden lebte und keine Schulden hatte. Aber wenn der Regen ausblieb, wuchsen die Sorgen der Bauern. Und die hatte Pedro schon zur Genüge mitbekommen. Mit seinen zwölf Jahren war er nämlich der älteste der Pasinos. Seine Schwester Lizzy war zwei Jahre jünger als er. Und sein Bruder Roberto sogar drei Jahre.

Pedro war stolz darauf, der Älteste zu sein. Denn er durfte bereits den Wasserbüffel führen. Und Cardo, so hieß der Büffel, war ein stattliches Exemplar. Weil er so groß war, hatten Lizzy und Roberto Angst vor ihm. Und auch Pedro hatte sich vor einigen Jahren noch vor ihm gefürchtet. Aber jetzt war Cardo sein Freund. Pedro hatte das Gefühl, daß es keinen besseren Freund geben konnte, keinen, der geduldiger zuhören oder verständiger mit dem Kopf nicken konnte. Ihm konnte er alles anvertrauen. Mit Cardo konnte er sich wirklich über alles unterhalten. Er wurde nie ungeduldig, selbst nicht, wenn Pedro von der Schule berichtete.

Als Pedro oben auf dem Hügel angekommen war, wischte er sich den Schweiß von der Stirn. Bevor er die kleine Treppe zur Veranda hinaufstieg, ging er hinter das Haus, um nach Cardo zu sehen. Er war mit Vater bereits wieder vom Feld zurückgekommen und hatte sich in den schmalen Schatten der Hauswand gelegt.

«Hast du schon hart gearbeitet?» fragte Pedro.

Der Wasserbüffel schaute ihn mit großen Augen an und schnaubte. Pedro war das Antwort genug.

«Ich auch», fuhr er fort. «Immer nur stillsitzen und zur Tafel schauen, das ist verdammt anstrengend. Und langweilig ist es außerdem.»

Cardo nickte verständnisvoll mit dem Kopf. Seine mächtigen Hörner berührten dabei fast den Boden. Er schlug mit seinem Schwanz nach einem Schwarm Fliegen, der sich auf seiner Flanke niedergelassen hatte.

«Heute nachmittag reiten wir aufs Feld.» Pedro klopfte dem Büffel mit der flachen Hand auf den Hals. «Und danach gehen wir zum Fluß hinunter und baden.»

Cardo schlug wieder mit dem Schwanz, und Pedro stieg die Stufen zum Haus hinauf.

Wenn nur diese Hitze nicht wäre, dachte Pedro.

Die Sonne stach erbarmungslos auf das Wellblechdach. In der Klasse stand die Luft heiß und schwer. In ihrem geflochtenen Haus auf dem Hügel wehte meist eine leichte Brise. Das Haus stand auf Pfählen, so daß der Wind auch unten hindurchkonnte. Und das Nippa-Dach hielt die Sonne besser ab als Wellblech, das sie nur noch mehr anzuziehen schien.

Die Hitze im Schulraum brachte die Zahlen zum Tanzen. Pedros Blicke wanderten von der Tafel hinüber zum Haken, an dem der Lehrer gelegentlich eine Karte oder Wandtafel aufhängte. Dann blieben sie an dem Bild haften, das Präsident Marcos zeigte. Tag für Tag blickte dieses alte, starre Gesicht auf sie herunter, und Pedro hatte sich oft überlegt, ob ein Präsident wohl rechnen können muß.

«Der hat so viel Geld, daß er das gar nicht alles zusammenzählen könnte», hatte Pedros Vater einmal gesagt. Und etwas bitterer hatte er hinzugefügt: «Der braucht eben nicht die Hälfte von allem, was er hat, abzugeben. So ist das bei den Reichen. Die haben und bekommen darum immer mehr. Aber wir können noch so hart arbeiten, arm und abhängig bleiben wir immer.»

Aber eines Morgens, als die Schüler wieder in die Klasse gestürmt waren, hatte das Bild des Präsidenten gefehlt. Es hing einfach nicht mehr an seinem Platz. Pedro hatte es sofort bemerkt. An der Tafel stand mit Kreide geschrieben: «Weg mit Marcos!» Und dann hatten noch die drei Buchstaben NPA darunter gestanden, das Zeichen der New Peoples Army. In der Nacht mußten die Rebellen hiergewesen sein, die für die Rechte der Bauern kämpften.

Pedro erinnerte sich noch genau daran, wie der Lehrer die Worte ganz langsam ausgewischt hatte, Buchstabe für Buchstabe. Dann hatte er wieder Zahlen an die Tafel geschrieben. Und ein neues Bild hatte er erst wieder besorgt, als sich der Bürgermeister zu einer Schulvisite anmeldete.

Plötzlich wurde Pedro von irgend etwas aus seinen Gedanken herausgerissen. Er wußte gar nicht, was es gewesen war. Er sah nur, daß der Lehrer nicht mehr vorn neben der Tafel stand und mit seinem Zeigestock auf die Zahlen tippte. Er hatte sich ans Fenster gestellt und erzählte von der Stadt. Und jetzt wußte Pedro auch, was ihn aus seinen Träumereien gerissen hatte. Der Lehrer berichtete von Wasserbüffeln. Pedro horchte auf. Am kommenden Sonntag würden Wasserbüffel aus der ganzen Gegend in der Stadt zusammenkommen. Sie würden festlich geschmückt sein. Der schönste unter ihnen würde von einer Jury mit einem Preis ausgezeichnet.

Die Worte des Lehrers wollten Pedro nicht mehr aus dem

Sinn gehen. Selbst noch am Nachmittag, als er mit Cardo aufs Feld zog, mußte er ständig an die Büffelparade denken.

Ob er mit Cardo daran teilnehmen konnte?

Am Abend berichtete er zu Hause von dem Treffen der Büffel und von der Jury, die denjenigen heraussuchen würde, der am prächtigsten und einfallsreichsten geschmückt sei. Sein Vater lachte ihn aus.

«Büffel sind nicht dazu da, um schön zu sein. Sie müssen arbeiten können.»

Dann machte er eine Pause und fuhr nach kurzem Überlegen fort: «Schön ist unser Büffel allerdings.»

Pedro sah seinen Vater bittend an.

«Na gut! Von mir aus. Geh hin mit ihm. Aber womit willst du ihn schmücken?»

Pedro wurde traurig.

Ja, wie bloß?

Er blickte hilflos von einem zum anderen.

Da hatte Lizzy plötzlich eine Idee.

«Ich binde eine Sampaguita leis», schlug sie vor.

«Phantastisch!» Pedro war begeistert. «Eine Girlande aus Jasminblüten wird Cardo bestimmt gut stehen.»

«Wir hängen sie ihm um den Hals», schlug Lizzy vor, «und binden sie auch noch um die Hörner.»

Je näher der Sonntag rückte, um so aufgeregter wurde Pedro. Am Samstagabend holte er Cardo schon früh vom Feld. Er betrachtete seinen mächtigen Körper, seinen starken Nacken und seine weit ausladenden Hörner.

Cardo ist wirklich ein prächtiger Büffel, dachte Pedro. Aber ob die Jury das auch finden würde?

Pedro führte das Tier zum Fluß. Er ließ Cardo ausgiebig im Uferschlamm suhlen. Dann zog er ihn ein Stück ins Wasser hinein und schrubbte sein Fell gründlich ab. Als Cardo aus dem Fluß stieg, glänzte sein Fell in der Abendsonne.

Wenn erst Lizzys Blumengirlande um seinen Hals hängen würde, dann würden auch die Preisrichter begeistert sein.

Am nächsten Morgen stand die ganze Familie Pasino in aller Frühe auf. Pedros Vater legte eine bunte Decke auf den Rücken des Büffels, und Pedro striegelte ein letztes Mal Cardos Fell. Ganz zum Schluß band Lizzy ihm die Girlande um den Hals und die Hörner. Ihr Vater hielt sie hoch, damit sie die Schleife binden konnte. Die ganze Familie war sich einig, daß Cardo großartig aussah. Pedro kletterte auf seinen Rükken. Alle wünschten den beiden viel Glück und winkten ihnen noch so lange nach, bis sie hinter der Wegbiegung verschwunden waren. Pedro hatte ihnen mit seinem Strohhut zurückgewinkt. Jetzt setzte er ihn wieder auf, schnalzte mit seiner Zunge und sang ein Lied, damit ihm die Zeit schneller verging.

Sie brauchten zwei Stunden bis in die Stadt. Hier herrschte bereits ein buntes Gewühl und Gedränge. Überall waren Stände aufgebaut, an denen man farbige Papiergirlanden oder vergoldete Metallplättchen kaufen konnte. Mangos und Bananen wurden angeboten. Neben einigen Ständen hatten die Verkäufer Holzbänke aufgestellt. Hier konnte man sich hinsetzen und Reis mit Gemüse oder Fleischsauce essen. Pedro hatte große Mühe, den Büffel durch dieses Gedränge zu dirigieren.

«He! Paß doch auf!» fuhr ihn plötzlich eine Stimme von der Seite an.

Pedro drehte sich erschrocken um. Der Junge auf dem anderen Büffel mochte etwas älter als er sein.

«Wo hast du deine Augen bloß! Du zerdrückst mir noch die schönen Girlanden!» Sein Büffel war wirklich prächtig geschmückt. Bunte Papiergirlanden hingen vor seiner Brust und waren auch noch an den Seiten hochgezogen. Und zwischen den Hörnern war die philippinische Fahne befestigt.

Pedro entschuldigte sich bei dem Jungen, daß er mit Cardo zu dicht an seinen Büffel herangekommen war.

«Aber es war wirklich nicht meine Schuld», beteuerte Pedro.

«Red dich nicht raus!» unterbrach ihn der andere Junge.

«Dummer Dorftölpel! Du hättest besser zu Hause bleiben sollen! Und dein Büffel auch! Ist genauso ein Trottel wie du!»

Dann verschwand der Junge mit seinem Tier im Gewühl. Pedro ärgerte sich.

Was sich dieser Kerl nur einbildete! Nur weil er in der Stadt wohnte.

Pedro folgte dem Strom der Menschen und Tiere, der sich durch die Stadt schob. Schließlich gelangte er an eine große Wiese. An der Seite war eine Tribüne aufgebaut.

Daneben stand ein hoher Mast, an dem ein Lautsprecher hing. Aus ihm ertönte Musik, die gelegentlich von einer Stimme unterbrochen wurde. Sie forderte alle Teilnehmer der Parade auf, sich und ihre Büffel bei der Veranstaltungsleitung anzumelden.

Pedro stellte sich mit Cardo vor dem Stand der Leitung an und meldete sich mit Namen. Schließlich brach die Musik ab. Die Parade begann. Ein Teilnehmer nach dem anderen wurde mit seinem Tier aufgerufen. Die Genannten zogen dann vor der Tribüne her. Manche führten ihr Tier an einem Riemen und blickten verlegen zu Boden. Andere saßen stolz auf dem Rücken ihres Büffels, und einige winkten der Jury sogar zu. Aber eines machten alle gleich: Sie zogen sehr langsam vor der Tribüne her, damit die Jury auch genügend Zeit hatte, ihr Tier zu bewundern. Die Büffel waren mit Girlanden und bunten Stirnbändern behängt und mit klingenden Metallstückchen geschmückt. Einige trugen auch Reklameschilder oder Spruchbänder.

Da hat Cardo nie eine Chance, dachte Pedro traurig.

Während der Lautsprecher einen nach dem anderen aufrief und Pedro wartete, bis er an die Reihe kam, hörte er hinter sich eine Stimme, die ihm bekannt vorkam.

«Da ist ja der Dorftölpel wieder!»

Pedro wußte sofort, daß es der Junge war, der ihn vorhin angefahren hatte.

«Daß du überhaupt hierher durchgefunden hast. Alle Achtung!» spottete der Stadtjunge. «Aber du hättest dir den weiten Weg auch sparen können. Bei dem häßlichen Exemplar von Büffel. Wenn der keine Hörner hätte, würde man doch gar nicht erkennen können, daß es ein Büffel ist. Sieht doch mehr wie eine klapprige Ziege aus!»

Pedro wurde wütend. Aber er brachte keinen Ton hervor. Tränen schossen ihm in die Augen.

«Weinst du um deinen Büffel?» machte sich der Junge lustig. «Da hast du allen Grund.»

Pedro hätte sich am liebsten auf ihn gestürzt. Da hörte er, wie sein Name im Lautsprecher aufgerufen wurde.

«Bist du das etwa?» fragte der Junge, der Pedros Aufregung bemerkte.

«Geh zur Seite!» zischte Pedro.

Doch der Junge riß ihm übermütig den Hut vom Kopf und warf ihn Cardo auf die Hörner. Dann gab er ihm mit seinem Stock einen heftigen Schlag in die Seite. Cardo trabte los.

Pedro erschrak. Sein Büffel lief geradewegs über den Weg, der zur Tribüne führte.

«Cardo!» rief Pedro.

Aber der Büffel schien ihn nicht zu hören und lief weiter. Pedro setzte ihm nach. Aber da war es auch schon zu spät. Cardo hatte die Tribüne erreicht. Pedro bekam seinen Schwanz zu packen. Die Leute auf der Tribüne lachten und klatschten begeistert in die Hände. Cardo trabte immer schneller. Pedro rannte keuchend hinter ihm her, den Schwanz in seiner Hand. Das war wirklich ein komisches Bild!

Als Pedro den Büffel auf der anderen Seite der Tribüne schließlich zum Anhalten gebracht hatte, mußte er weinen.

Jetzt war alles vorbei! Und nur wegen dieses verflixten Stadtjungen. Der zog jetzt, stolz auf seinem Büffel sitzend, vor der Tribüne her. Ganz langsam und majestätisch schritt sein Büffel über den Weg. Und der Junge warf den Frauen auf der Tribüne sogar Kußhände zu.

Pedro schaute gar nicht mehr hin. Er nahm seinen Hut,

setzte ihn sich wieder auf und kraulte Cardo zwischen den Hörnern. Die ganze blöde Parade konnte ihnen gestohlen bleiben!

Pedro wußte nicht, wie lange er so dagestanden hatte. Plötzlich wurde er durch eine Lautsprecheransage aus seinen Träumen gerissen. Das war doch sein Name! Oder hatte er sich verhört?

«Ich wiederhole», sagte die Stimme im Lautsprecher. «Den dritten Platz erhält Pedro Pasino auf Cardo. Dieser Preis wird wegen des originellen Einfalls an die beiden vergeben. Wir bitten die Preisträger, mit ihren Büffeln nach vorn zur Tribüne zu kommen. Die Preisverleihung findet in wenigen Minuten statt.»

Pedro glaubte noch immer, sich verhört zu haben. Doch als Cardo ihn mit seiner Schnauze anstupste, griff Pedro nach seinem Riemen und führte ihn zur Tribüne. Eine junge Frau überreichte ihm eine aus bunten Fäden gedrehte Leine mit einem glänzenden Nasenring für Cardo. Dann stieg ein Mann von der Tribüne und hielt eine lange Rede. Cardo stupste mit seiner Schnauze gegen die Leine, die Pedro in der Hand hielt. Dann schnaufte er und wandte sich ab. Da reckte sich Pedro zu ihm hinauf.

«Wenn wir wieder zu Hause sind», flüsterte er Cardo ins Ohr, «dann darfst du ganz lange im Fluß baden und dich im Ufermorast suhlen. Solange du möchtest.»

Da schlug der Büffel mit dem Schwanz und warf seinen Kopf in den Nacken.

Weiße Elefanten

In alter Zeit wandten die thailändischen Könige eine äußerst spitzfindige Art der Bestrafung an. Wenn ein Untertan aufsässig wurde, bekam er einen weißen Elefanten aus den königlichen Ställen geschenkt. Die Kosten für Pflege, Futter, Unterbringung und Ausstattung stürzten ihn bald in den finanziellen Ruin.

‹Weiße Elefanten› nennen die Filipinos jene riesigen und teuren Gebäude, die das Land in eine hohe Auslandsverschuldung stürzen, nur auf Kosten der Grundbedürfnisse der Masse der Bevölkerung verwirklicht werden können und nur sehr wenigen Leuten nützen. Präsident Marcos und seine Frau Imelda haben den Filipinos viele solcher ‹Weißen Elefanten› beschert. Die Rechnung allerdings mußte das philippinische Volk zahlen. Es geriet dadurch immer tiefer in Verschuldung und Abhängigkeit.

Das ‹Herzzentrum für Asien› und das ‹Lungen- und Nierenzentrum für Asien› bilden nur zwei Beispiele von vielen.

Diese pompösen Bauwerke dienten eher dem Protzgehabe des Präsidenten und seiner Frau, als daß sie dem philippinischen Volk nützten. Allein das 1975 fertiggestellte Herzzentrum verschlang 300 Millionen Pesos (50 Millionen US-Dollar). Keine geringe Summe: Das war fast ein Drittel der Ausgaben für das gesamte Gesundheitssystem.

Fast die Hälfte aller Krankenhäuser auf den Philippinen sind in der Hauptstadt Manila, wo aber nur etwas mehr als ein Zehntel der Gesamtbevölkerung lebt. Während für solche ‹Weißen Elefanten›, die nur wenigen zugute kommen, viel Geld ausgegeben wurde, blieb für Maßnahmen, die vielen nützten, kaum etwas übrig. Im Durchschnitt wurde 1984 für jeden Filipino umgerechnet gerade 1 US-Dollar für Gesundheit aufgewandt. Dagegen gab die Regierung pro Kopf der Bevölkerung jährlich 9 US-Dollar fürs Militär aus.

Darum haben fast drei Viertel aller Filipinos in ihrem Leben nie einen Arzt gesehen. Das ist der Fluch der ‹Weißen Elefanten›.

Von den 1600000 Kindern, die auf den Philippinen jährlich geboren werden, erleben 96000 ihren ersten Geburtstag nicht. 48000 sterben sogar schon, bevor sie einen Monat alt sind. Etwa 80 Prozent aller Kinder leiden an Magen-Darm-Krankheiten.

Die Philippinen zählen zu jenen Ländern der Welt, in denen die meisten Menschen unterernährt sind. Nur ein Viertel aller Kinder unter sechs Jahren ist normal ernährt. Weniger als ein Drittel aller Kinder im Vorschulalter erreicht die volle Größe und Entwicklung. Die schlechte Ernährung hat auch oft Folgen für ihre geistige Entwicklung. Die Menschen auf den Philippinen haben die kleinste tägliche Nahrungsration in ganz Asien. Die Mehrheit (62 Prozent) der Menschen auf den Philippinen hat keinen Zugang zu sauberem Trinkwasser. Brennstoff, um das Wasser abzukochen oder Milchflaschen zu sterilisieren, ist sehr teuer. Viele können sich eine solche Ausgabe einfach nicht leisten. Darum ist die Milch, die mit Wasser angerührt wird, mit Bakterien verseucht und die Flasche und der Sauger genauso.

Zahlen nach BUNSO 1985, Berichte der Asiatischen Entwicklungsbank (Manila 1977), Weltbank (Washington 1979), Weltgesundheitsorganisation (WHO, Manila 1978)

«Für die meisten Eltern sind ihre Kinder ‹tanging Kayamanan›, der einzige Reichtum und Schatz. Viele Familien haben eine große Anzahl von Kindern, nicht, um die Männlichkeit des Vaters oder die Fruchtbarkeit der Mutter unter Beweis zu stellen, sondern um das Familieneinkommen zu vergrößern. Mehr Kinder bedeuten mehr Arbeitskräfte, mehr Hände bei der Feldarbeit, mehr Arbeiter. Unglücklicherweise bedeuten im Zusammenhang mit der gegenwärtigen philippinischen Gesellschaft mehr Kinder auch mehr Münder zum Füttern, mehr Opfer von Unterernährung, Krankheiten, mehr Tote.

Armut ist gleichbedeutend mit Hunger und Krankheit geworden. 70 % der philippinischen Kinder sterben jährlich wegen Unterernährung, Lungenentzündung und anderer Krankheiten. Armut ist die Hauptursache für dieses Sterben. Aber die Wurzel von allem ist die Gesellschaft, die sie erzeugt.»

Delen P. de la Paz, Manila

Nichts für einen Schmetterling

Ein silbergrauer Wagen fuhr vor. Seine Fensterscheiben waren heruntergekurbelt. Einer der Fabrikwächter sprang aus dem Unterstand und öffnete hastig das Tor. Er grüßte freundlich, sehr freundlich sogar. Hinten im Wagen saß eine elegant gekleidete Frau. Neben ihr rutschte ein Mädchen ungeduldig auf dem Polstersitz hin und her und beugte sich aus dem Fenster. Vorn, hinter dem Steuer, saß der Chauffeur.

«Kommt Papa jetzt endlich?» fragte das Mädchen ungeduldig.

«Ja, mein Kind, er wird gleich da sein.»

Die Frau strich ihrer Tochter das gelbe Kleid zurecht.

Da trat ein Herr in dunklem Streifenanzug aus dem Bürohaus. Er hatte seine Frau und seine Tochter vorfahren sehen und eilte zum Wagen.

«Schön, daß ihr mich abholt», begrüßte er die beiden. Durch das offene Fenster gab er seiner Tochter einen Kuß auf die Wange.

«Oh! Hast du ein neues Kleid? Jetzt bist du ja erst recht mein kleiner Schmetterling. Und wie gut wir zusammenpassen.»

Er steckte seine gelbe Krawatte, die ihm aus dem Jackett gerutscht war, wieder hinter den Knopf.

«Wartet noch einen kleinen Augenblick», sagte er. «Ich muß nur noch einmal kurz in die Fabrikhalle.»

«Aber beeil dich», rief seine Frau ihm nach. «Es ist schon spät.»

Dann wandte sie sich zu ihrer Tochter: «Kinder müssen um diese Zeit längst nach Hause.»

Der Vater ging mit schnellen Schritten zur Werkshalle und trat ein. Die Tür ließ er hinter sich offenstehen. Lin sah, wie ihr Vater zwischen den Maschinen und Werkbänken verschwand. Hinter den Arbeitstischen saßen Jungen, die kaum älter als sie sein mochten. Denjenigen, der direkt am Eingang saß, konnte sie ganz genau sehen. Er war kleiner als die anderen und hatte kurzgeschnittene Haare. Er blickte durch die Tür zu ihr nach draußen. Sein Gesicht sah müde und traurig aus.

Lins Vater kam aus der Halle zurück, schloß die Tür hinter sich und ging zum Wagen. «So, da bin ich.»

Er wandte sich zum Chauffeur: «Und jetzt können wir fahren.»

Der Wagen rollte langsam durch das Fabriktor auf die Straße. Sofort sprangen zwei Wächter herbei und schlossen es hinter ihm wieder.

Lin fand es immer langweilig, wenn Vater ihrer Mutter von der Fabrik berichtete.

«Wer war das?» unterbrach sie plötzlich ihren Vater.

Er drehte sich erstaunt zu seiner Tochter um: «Wer?»

«Die Jungen. In der Halle. Und was machen sie da?»

Ihr Vater zündete sich eine Zigarette an. «Die arbeiten.»

«Jetzt noch?» fragte Lin erstaunt.

«Warum nicht?» entgegnete ihr Vater.

«Kinder in ihrem Alter müssen um diese Zeit doch längst nach Hause.»

«Wie kommst du denn darauf?» Ihr Vater lachte.

«Hat Mama doch gerade selbst gesagt.»

«Ich habe dich gemeint», mischte sich ihre Mutter ein.

«Ach so», lächelte ihr Vater. «Das ist natürlich etwas ganz anderes.»

«Wieso?» Lin verstand das nicht. «Die sind doch auch nicht viel älter als ich.»

«Die arbeiten. Und verdienen Geld.» Ihr Vater lehnte sich in den Sitz zurück und sog an seiner Zigarette.

«Und warum?»

«Warum! Warum! Du stellst wirklich Fragen!» Ihr Vater machte eine hilflose Bewegung mit der rechten Hand.

«Und warum müssen die jetzt noch arbeiten?» Lin ließ nicht locker. «Wann spielen die denn?»

Ihr Vater mußte wieder lachen. «Damit haben die nichts im Sinn.»

«Spielen die denn nicht gerne?» fragte Lin weiter.

«Du hast vielleicht Ideen.» Ihr Vater schüttelte den Kopf.

«Ich spiele gerne», stellte Lin entschieden fest. «Spielst du morgen endlich mal wieder mit mir?»

«Ach komm, mein Schmetterling. Ich würde es gern tun.» Ihr Vater drückte die Zigarette im Aschenbecher aus. «Aber ich habe wirklich keine Zeit. Die Konkurrenz schläft nicht. Darum muß man immer etwas schneller sein als sie. So ist das beim Geschäft. Aber das ist nichts für meinen Schmetterling, das verstehst du noch nicht.»

Lin kannte diese Vorträge ihres Vaters. Sie hörte schon gar nicht mehr hin. Gelangweilt blickte sie durch das Fenster und betrachtete die bunten Jeepneys, die sie überholten.

«Aber am Sonntag fahren wir wieder auf den Friedhof. Da habe ich Zeit für dich.»

Lin hatte gerade einen Jeepneykühler entdeckt, auf dem fünf springende Aluminiumpferde angebracht waren.

Zeit für mich, dachte Lin, hat er doch nie.

Rogelio lag noch lange wach an diesem Abend. Obwohl er todmüde war, konnte er einfach nicht einschlafen. Die Hitze stand stickig im Raum. Gelegentlich hörte er vom Hof die Schritte der Fabrikwächter. Wenn sie vorübergegangen waren, war nur wieder das regelmäßige Atmen der anderen zu hören. Sie lagen dicht zusammen, alle neunzehn, einer neben dem anderen. Weil der Zementboden so hart war, hatten sie sich Pappen besorgt, die sie sich untergelegt hatten. Tagsüber hatten sich die Wände in der Sonne aufgewärmt. In der Nacht gaben sie die Hitze wieder ab. Sie staute sich dann in dem engen Raum.

Rogelio lag auf dem Rücken. Der Schweiß rann an seinem nackten Oberkörper in kleinen Bächen herunter. Die Pappe unter ihm war schon ganz aufgeweicht. Er starrte an die Decke. Das Neonlicht der Hoflaterne fiel durch das Fenster und bildete das Muster der Gitterstäbe auf der weißgekalkten Decke ab. Die hellen und dunklen Streifen liefen an der Backsteinwand hinunter, fast bis auf den Boden. Dort, wo die Gesichter der anderen sein mußten, war es dunkel.

Die meisten waren so alt wie er, vierzehn Jahre. Einige waren älter. Aber es gab auch welche, die jünger waren. Sie kamen alle aus der Provinz, die meisten aus dem Süden. Jeder von ihnen hatte seine eigene Geschichte. Aber in einem Punkt waren alle gleich. Alle hatten sie arme Eltern.

Darum war es wichtig, daß sie arbeiteten und Geld verdienten. Zu Hause gab es kaum Arbeit. So waren sie nach Manila gekommen. Eigentlich hätten sie froh sein müssen. Aber froh war keiner von ihnen.

Rogelios Blicke wanderten auf dem Gittermuster an der Wand entlang. So oder so ähnlich mußte es in einem Gefängnis sein. Rogelio hatte noch niemals eins gesehen. Aber einige Männer in seinem Dorf hatten davon berichtet. Sie waren eines Tages von Soldaten verhaftet worden. Erst nach Monaten wurden sie wieder freigelassen. Was sie berichteten, hatte sich damals schrecklich für Rogelio angehört. Aber er lebte heute gar nicht viel anders.

Nie konnten sie das Werksgelände verlassen. Die Mauer, die es umgab, schien unüberwindbar. Zwei Jungen hatten einmal versucht, sie zu übersteigen. Aber sie hatten keine Chance gehabt. Die Fabrikwächter paßten höllisch auf.

Und dann noch diese verdammte Arbeit. Rogelio spürte die Schmerzen in seinem Rücken. Den ganzen Tag mußte er an einer Werkbank sitzen und kleine Metallteile zusammensetzen. Wofür sie waren, wußte er nicht genau. Das wußte eigentlich keiner von ihnen. Nur eines hatte man ihnen erklärt: wie man die kleinen Teile zusammensetzt. Und das mußten sie den ganzen Tag, von morgens bis abends. Dann tat der Rücken weh. Und die Augen genauso.

Wenn der Lohn wenigstens stimmen würde. Aber sie bekamen nur ein paar Pesos. Zudem war das Essen schlecht. Jeden Tag nichts als Reis mit etwas Soße. Aber es reichte nie für alle neunzehn. Die Kosten für das Essen wurden ihnen vom Lohn abgezogen. Da blieb kaum noch etwas übrig.

Alles ging Rogelio wieder durch den Kopf, wie immer, wenn er nicht einschlafen konnte. Aber in dieser Nacht war es irgendwie anders als sonst. Plötzlich wußte er, was es war. Es war dieses Gesicht, das ihm einfach nicht mehr aus dem Kopf gehen wollte. Neugierig hatte es durch das heruntergekurbelte Fenster gesehen. Hübsch war es gewesen. Rogelio hatte die großen Augen noch genau vor sich. Neugierig und fragend hatten sie geguckt. Er hatte das Gesicht nur für einen kurzen Augenblick sehen können, dann hatte der Direktor die Tür wieder hinter sich geschlossen.

Ob das Mädchen, dem das Gesicht gehörte, etwas mit ihm zu tun hatte? Mit diesem Treiber? Diesem Halsabschneider, der sie hier eingesperrt hielt und keinen anständigen Lohn zahlte?

Hoffentlich nicht, überlegte Rogelio, denn das Gesicht des Mädchen mochte er.

Der Friedhof zwischen Tondo und San José erstreckte sich endlos. Eigentlich bildete er eine eigene Stadt für sich. Vor dem Eingangstor verkauften eifrige Händler Getränke, Speisen und Bilder. Doch dann wurde es immer einsamer. Geisterhaft wirkten die weißen Grabhäuser in der gleißenden Mittagssonne. Es gab kaum Schatten. Nur helle Steine, soweit das Auge reichte.

Heute aber waren die Wege in der Stadt der Toten fast so belebt wie die Straßen von Manila. So war es an jedem Sonntag. Auch Lin und ihre Eltern waren gekommen.

Das Grabhaus von Lins Großeltern lag gleich in der Nähe des Eingangstores. Hier befanden sich die Gräber der Reichen. Manche von ihnen waren sogar zweistöckig. Sie waren aus hellem Marmor, Glas und Aluminium gebaut und wirkten sehr vornehm. Viele besaßen eine Klimaanlage, Kochnischen und Toiletten, Eisboxen oder Kühlschränke, Marmorbänke und Tische. Das Grabhaus von Lins Großeltern hatte sogar einen

Fernseher und ein Telefon. In der Mitte des Grabhäuschens stand der Sarkophag, ein mächtiger Marmorsarg mit verzierten Schmuckleisten aus Messing. Darüber hing ein großes Bild. Es zeigte einen älteren Mann und eine Frau. Das waren Lins Großeltern. Als sie gestorben waren, war Lin noch sehr klein gewesen, so daß sie sich nicht mehr an sie erinnern konnte. Aber sie hatte ganz oft vor dem Gemälde gestanden, lange die beiden Gesichter betrachtet und versucht sich vorzustellen, was für Menschen ihre Großeltern gewesen sein mochten.

Lins Aufgabe war es immer, die Früchte mitzubringen, die auf das kleine Marmortischchen vor dem Sarkophag gelegt wurden. Die waren für die Großeltern. Sie sollten teilhaben am Reichtum der Familien. Und auch von den Mahlzeiten wurde ihnen stets etwas in ein Schälchen gefüllt. So taten es alle gläubigen Buddhisten. Nachdem den Toten das Essen dargereicht war, durften die Lebenden essen. Und sonntags gab es stets etwas Besonderes. Lin freute sich auf die Fleischsoßen. Und erst recht auf die saftigen Mangos, die es zum Nachtisch gab. Aber danach wurde es meist langweilig. Ihre Eltern spielten dann Majung oder sahen fern.

Heute waren noch ein paar Vettern von Lins Vater mitgekommen. Sie saßen alle zusammen vor dem Fernseher und sahen sich eine Show an. Lin drängte sich zwischen den Beinen hindurch zu ihrem Vater.

«Du wolltest doch mit mir spielen», flüsterte sie. «Das hast du mir versprochen.»

«Später», antwortete ihr Vater, ohne seine Augen vom Fernseher abzuwenden.

«Nie hältst du, was du versprichst.» Lin war enttäuscht.

«Jetzt geh schon und stör uns nicht.»

Ihr Vater schob sie sanft, aber entschieden zur Seite. Lin wußte, daß es jetzt besser war, zu verschwinden.

Sie trat nach draußen und setzte sich vor das Grabhaus. Auf der anderen Seite des Weges fiel das Gelände etwas ab. Dann kam ein hoher Zaun. Dahinter erhoben sich Fabrikhallen. Lins Blicke wanderten an ihren Mauern entlang und blieben an dem verschlossenen Tor haften.

Und plötzlich war es wieder da, dieses traurige Gesicht. Lin hatte es ganz deutlich vor Augen.

Warum war der Junge in Vaters Fabrik so traurig? Eigentlich hätte er doch allen Grund, zufrieden zu sein. Vater hatte ihm eine Arbeit gegeben. Es ist nicht selbstverständlich, eine Arbeit zu haben, hatte Vater gesagt. Die Menschen im Süden sind arm. Sie können froh sein, wenn sie in Manila Geld verdienen. Ob der Junge wohl froh war? Er hatte nicht so ausgesehen, überlegte Lin. Aber warum bloß nicht?

Ich werde Vater fragen, dachte Lin, der wird es bestimmt wissen. Aber er wird keine Zeit haben, es mir zu erzählen. Ich werde den Jungen selber fragen, beschloß sie. Dann kann ich ihm gleich sagen, wer mein Vater ist. Das wird ihm gefallen.

Ein paar Tage später, wieder war es später Nachmittag, bog der silbergraue Wagen in die Einfahrt zur Fabrik ein. Der Fahrer hupte kurz. Lins Vater kam aus dem Bürohaus und eilte zur Fabrikhalle. Er winkte seiner Frau und seiner Tochter zu und gab ihnen zu verstehen, sich noch einen kleinen Augenblick zu gedulden. Dann verschwand er in der Halle.

Noch ehe ihre Mutter sie zurückhalten konnte, öffnete Lin die Wagentür und rannte ihrem Vater nach. Schon durch die geöffnete Tür sah sie den Jungen an seiner Arbeitsbank. Als sie die Tür fast erreicht hatte, verlangsamte sie ihre Schritte. Erst jetzt erkannte sie, daß es ein anderer Junge war.

«Na, was machst du denn hier?» Lins Vater legte seinen Arm um ihre Schulter. «Du hast recht, ich sollte mich beeilen.»

«Wo ist er?» fragte Lin.

«Wer?» Ihr Vater wußte nicht, wovon sie sprach.

«Der Junge», sagte Lin. «Der, der letzte Woche hier gearbeitet hat.»

«Ach so, der.» Ihr Vater blickte sie erstaunt an. «Letzte

Nacht ist er auf und davon. War unzuverlässig. Macht nichts. Es gibt ja noch genügend andere. Die sind froh und dankbar, wenn sie seinen Platz einnehmen können.»

Lin zog ihre Schulter unter dem Arm ihres Vaters fort und ging langsam zum Wagen zurück.

Sie erfuhr nie, warum Rogelio geflohen war. Sie erfuhr nie, daß er zu Leuten aus dem Viertel gegangen war, um ein Dach über dem Kopf zu haben. Sie erfuhr nie, daß er den Leuten seine Geschichte erzählte und ihnen von den Bedingungen in der Fabrik berichtete. Sie erfuhr nie, daß die Leute die Polizei einschalteten, die jedoch nichts unternahm, weil sie vom Direktor der Fabrik bestochen worden war. Lin erfuhr von alledem nichts. Aber sie spürte, daß irgend etwas in der Welt nicht in Ordnung war. Ihren Vater holte sie nicht mehr von der Fabrik ab.

Fremde Männer im Dorf

Der Militärbericht ist kurz und knapp: Bei einem Überraschungsangriff der 5. Infanteriedivision unter der Leitung von Brigadegeneral Manuel C. Ribon wurden am 25. April 1986 in Sitio Bundukbundukan bei Capas in der Provinz Tarlac sieben Rebellen getötet.

Hinter dieser sachlich klingenden Meldung verbirgt sich aber ein Massaker philippinischer Soldaten, bei dem neun Menschen getötet und fünf verletzt wurden. Vier der Toten waren Bewohner des Dorfes und Zivilisten.

Die wahren Vorgänge dieses Tages wären nie ans Tageslicht befördert worden, wenn sich nicht Vertreter von Menschenrechtsorganisationen zusammengetan hätten, um die Hintergründe aufzuklären. Sie bildeten eine Kommission und fuhren am 9. Mai 1986 in die Provinz Capas. Ich wurde als Mitglied dieser Kommission mitgenommen. Als wir in Sitio Bundukbundukan ankamen, hatten sich bereits die Bewohner des Dorfes

versammelt, um uns über die grausamen Ereignisse des 25. April zu berichten.

Sitio Bundukbundukan ist ein hübsches Dorf mit gepflegten Häusern. Ihre Wände sind aus Rohr geflochten. Vor vielen Häusern haben die Bewohner Blumen angepflanzt. Das Dorf ist in grüne Reisfelder eingebettet, die bis zum Rand der blauen Gebirgskette reichen, die sich am Horizont hinzieht.

Die Idylle macht es schwer, sich vorzustellen, daß vor zwei Wochen Soldaten das Dorf überfielen, die Wände der Häuser durchschossen und neun Menschen umbrachten.

Aber die Löcher in den geflochtenen Wänden und in den Böden der Häuser sind die stummen Zeugen. In einem dieser Häuser lerne ich Merlie Fronda kennen. Sie ist acht Jahre alt und einzige Augenzeugin, die den Überfall der Soldaten überlebte.

Merlie hüpfte auf dem rechten Bein. Als sie an der Weggabelung ankam, dort wo es zum Haus von Adelaida abging, wechselte sie das Bein. Jetzt war das linke dran. Noch zweimal mußte Merlie das Bein wechseln, bis sie den Hügel am Rand des Dorfes erreichte. Gestern hatte sie bis hierher noch dreimal wechseln müssen. Merlie freute sich über ihre Fortschritte. Hüpfen und springen tat sie für ihr Leben gern.

Aber für solche Spiele war Joey noch zu klein. Adelaidas Sohn war gerade ein Jahr alt. Merlie besuchte ihn gerne, denn oft lag er im Hängetuch, das quer über die Veranda gespannt war, und sie durfte ihn hin und her schaukeln. Adelaida freute sich, wenn Merlie auf ihren Sohn aufpaßte. Dann konnte sie sich um den Haushalt kümmern.

Das Haus, in dem Adelaida mit ihrer Familie wohnte, lag am Dorfrand. Von hier hatte man einen weiten Ausblick auf die Reisfelder. Zu dieser Zeit erstreckten sie sich grün bis zum Rand der Berge. Kleine Wege führten zwischen ihnen hindurch. Noch waren sie trocken. Aber wenn erst die Regenzeit begann, würden sie glitschig und schwer zu begehen sein.

Schon von weitem hatte Boko das Mädchen entdeckt. Mit großen Sätzen kam er auf Merlie zu. Denn wenn sie nicht gerade mit Joey spielte, tobte sie mit Adelaidas Hund herum.

Boko sprang mit wedelndem Schwanz an Merlie hoch.

«Hey, du wirfst mich ja um!»

Merlie versuchte auf einem Fuß stehen zu bleiben. Doch Bokos Freude war so groß und seine Sprünge so heftig, daß Merlie den Halt verlor und sich mit dem anderen Bein abstützen mußte.

«Fast hätte ich es geschafft», schimpfte sie lachend. «Mit fünfmal wechseln. Jetzt muß ich es morgen noch mal versuchen.»

Sie beugte sich zu dem Hund hinunter und kraulte ihm das Fell.

Plötzlich richtete Boko die Ohren auf. Seine Augen sahen an Merlie vorbei zur Weggabelung. Seine Muskeln spannten sich an. Merlie blickte sich um. Über den Weg näherten sich fünf Männer. Merlie hatte sie noch nie hier im Dorf gesehen. Als sie näher kamen, sprang Boko auf sie zu und fiel sie kläffend an.

Fremde Leute mochte er überhaupt nicht. Die Männer versuchten ihn abzuwehren, erst durch Zureden und dann, als das nichts nützte, mit heftigen Gesten. Aber das machte Boko nur noch wilder. Da gab ihm einer der Männer einen Fußtritt. Boko heulte auf. Jaulend zog er sich mit eingezogenem Schwanz zurück und drückte sich ängstlich an Merlies Beine.

Das Mädchen nahm ihn in ihre Arme, um ihn zu trösten.

«Sie sind gemein. Dich einfach zu treten.» Sie fuhr mit den Händen durch Bokos Fell. «Komm, wir gehen», forderte sie Boko auf. Dann rannten beide zu Adelaida und Joey.

Adelaidas Mutter stand am Eingang und fegte die Stufen zu der Veranda. Oben saß Adelaida und schaukelte das Hängetuch, in dem Joey lag.

«Da waren fremde Männer», berichtete Merlie. Sie machte eine Pause und gab Joey einen Stoß. Der quietschte vor Vergnügen.

«Was wollten die wohl?» fragte Merlie.

«Manchmal sind Männer hier, die aus anderen Dörfern kommen», erklärte Adelaida. «Sie helfen uns, uns gegen das Militär und die Großgrundbesitzer zu wehren. Es sind Rebellen. Manche von ihnen haben Verwandte hier. Es sind eigentlich keine Fremden. Sie gehören zu uns.»

«Aber ich mag sie nicht», entgegnete Merlie.

«Und warum nicht?» fragte Adelaida erstaunt.

«Sie haben Boko getreten.»

Adelaida nickte.

«Boko weiß ja nicht, was das für Männer sind. Für ihn sind das Fremde. Und die fällt er an. Oder er macht einen Mordslärm. Aber das kann gefährlich für die Männer werden. Sie müssen unentdeckt bleiben, denn das Militär ist hinter ihnen her.»

Adelaida blickte von der Veranda auf den Weg. Aber dort war niemand mehr zu sehen.

«Trotzdem, ich mag keine Rebellen.»

Merlie blieb dabei.

Am Abend schickte Merlies Mutter ihre Tochter zum Laden, um Kerosin zu kaufen. Merlie versuchte auf einem Bein zu hüpfen. Aber mit dem Kanister in der Hand ging das nicht. Plötzlich kamen zehn Männer um die Wegbiegung.

Da sind sie wieder, dachte Merlie. Doch dann erkannte sie, daß die Männer Uniformen trugen. Zwei von ihnen hatten sogar schwarze Masken vor ihre Gesichter gebunden. Die Soldaten trugen Gewehre. Merlie bekam Angst. Erst blieb sie wie erstarrt stehen. Doch dann rannte sie los.

Ganz in der Nähe lag das Haus ihrer Cousine Nida. Merlie hatte den Kanister fallen lassen und stürzte die Stufen zur Veranda hoch. Nida und ihre Schwester Ester, ihre Kinder Jenny und Ann und ihr Vater saßen auf der Veranda. Merlie hielt keuchend an. Sie zitterte am ganzen Körper. Da fielen Schüsse. Sofort warfen sich alle auf den Boden, um Deckung hinter der Brüstung zu finden.

«Woher kommen die?» fragte Nidas Vater.

«Von dort drüben.»

Merlie hob ihre Hand und zeigte in die Richtung. Da sirrten erneut Schüsse durch die Luft. Merlies Hand durchzuckte ein heftiger Schmerz. Sie schrie laut auf.

«Aufhören», rief Nidas Vater. «Aufhören, wir sind Zivilisten!»

«Dann kommt raus!» brüllte einer der Männer zurück.

«Kommt! Was bleibt uns anderes übrig», sagte Nidas Vater.

Merlie umfaßte ihre schmerzende rechte Hand mit der linken und rannte die Stufen und dann den Weg hinunter. Sie rannte und rannte, ohne sich umzublicken. Sie lief geradewegs zum Haus von Adelaida.

Erst als sie dort angelangt war, sah sie, daß Adelaidas Mutter weinend vor dem Haus hockte. Neben ihr lag Joey im Gras.

«Sie haben ihn getroffen», schluchzte die alte Frau. «Mitten in den Bauch.»

«Wo ist Adelaida?» keuchte Merlie.

Sie stieg die Stufen hinauf.

«Geh nicht hinein», sagte Adelaidas Mutter. «Es ist einfach zu schrecklich.»

Merlie zögerte. «Was ist? Nun sag schon.»

«Adelaida ist tot.» Die Stimme der Frau zitterte. «Sie war hier unten, als es losging. Ich war oben. Plötzlich stürzte sie an mir vorbei. Sie blutete am Bein. Sie riß Joey aus dem Tuch und versuchte sich im Schrank zu verstecken. Da fielen wieder Schüsse. Sie stürzte zu Boden. Eine Kugel hatte ihren Kopf getroffen. Joey haben sie in den Bauch geschossen. Es ist alles zu schrecklich.» Die alte Frau redete stockend.

Hilflos stand Merlie neben ihr und starrte auf Joey. Nur ab und zu war ein leises Wimmern von ihm zu hören, und zwischendurch das Schluchzen der alten Frau.

«Boko auch», sagte sie nach einer Weile. «Er liegt hinter dem Haus.»

Angst und Wut trieben Merlie Tränen in die Augen. Sie wollte schreien. Aber sie brachte keinen Ton hervor.

Sie fühlte sich hilflos und ohnmächtig. Aber sie war sich sicher, daß sie sich wehren würde. Wenn sie erst groß genug wäre, würde sie sich wehren. Dann würde sie zu den Rebellen gehen. Ja, das würde sie tun. Ganz bestimmt.

Merlie, Adelaida und Joey waren nicht die einzigen Opfer dieses Massakers. Im Bericht der Untersuchungskommission werden auch die anderen genannt:

«Jacinto Gutierrez, der gerade vom Fischen kam, hängte seine Sachen auf. Er sah etwa sechs Soldaten, die sich ungefähr 20 bis 25 Meter vom Haus entfernt aufgestellt hatten. Dann fielen auch schon die Schüsse in Auring Dailings Haus. Als die Soldaten Jacinto bemerkten, schossen sie ohne jede Warnung los. Laut Aussagen von Jacintos Sohn Gerry sah er seinen Vater mit erhobenen Händen dort stehen und rufen, daß er ein Zivilist sei. Aber die Soldaten schossen weiter auf ihn.

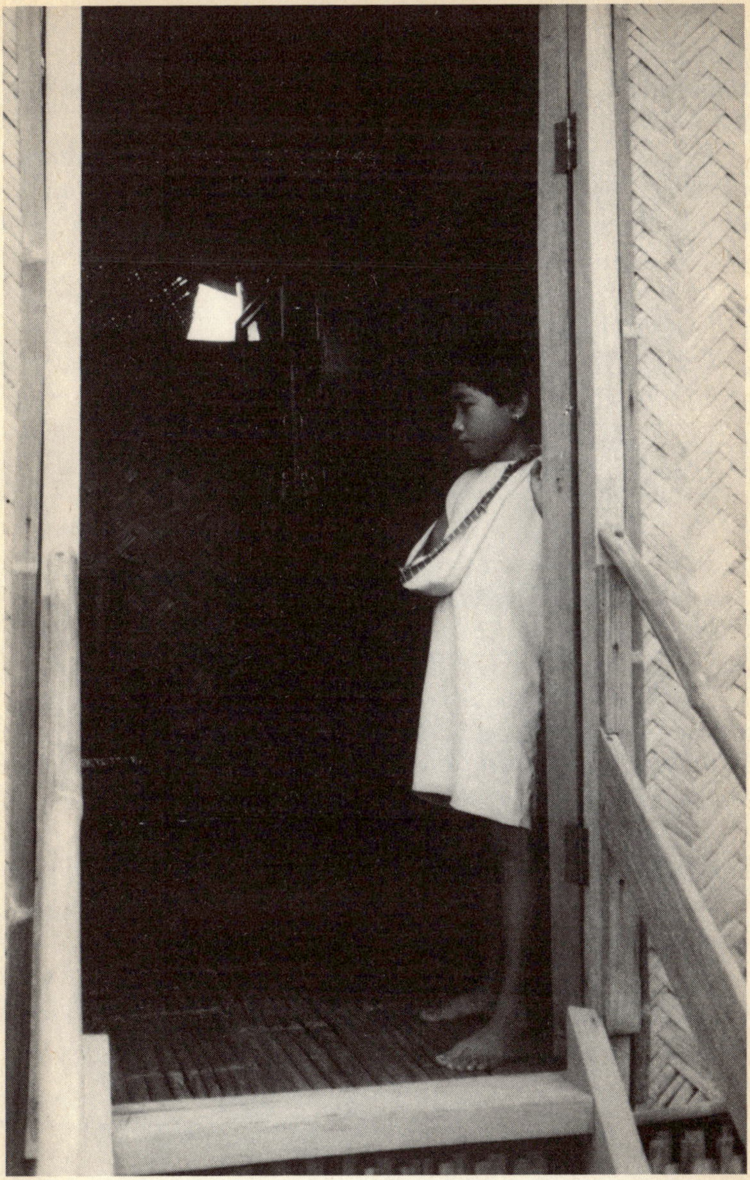

Nadi Vistan war auf dem Weg nach Hause. Er hatte gerade Heu geschnitten. Nachdem die maskierten Männer ihn unter Beschuß genommen hatten, feuerten die Soldaten auch auf ihn und töteten ihn.

Joseph Canono war 20 Jahre alt. Er erlitt eine Beinverletzung, nachdem drei Soldaten ohne Vorwarnung auf ihn geschossen hatten. Joseph gab an, daß er sich auf einem Hügel ausruhte, als er die Soldaten etwa zehn Meter entfernt entdeckte. Da zielten sie auch schon auf ihn. Er rief wiederholt, daß er ein Zivilist sei. Aber die feuerten immer weiter auf ihn.

Er rollte auf den Knien den Berg hinunter und versuchte, sich in Sicherheit zu bringen. Als die Soldaten nach 30 Minuten endlich zu schießen aufhörten, kroch er den Berg hinunter. Da sah er zwei Soldaten, die auf ihn zeigten. Er rief mehrmals «Zivilist». Daraufhin forderten sie ihn auf, zu ihnen zu kommen.

Florida Cadiong war 27 Jahre alt. Sie war zusammen mit ihren Kindern Joann und Jenny im Haus und bereitete das Abendessen vor. Plötzlich hörten sie Schüsse und stellten fest, daß ihr Haus beschossen wurde. Einige Kugeln hatten bereits die Hauswand durchschlagen. Zu dieser Zeit hatten sie sich bereits flach auf den Boden gelegt. Die drei wurden von Kugeln getroffen: Florida am rechten Knie, Joann auf der rechten Halsseite, Jenny in die rechte Gesäßhälfte. Sie liefen aus dem Haus, obwohl sie weiter unter Beschuß standen.

Die Mitglieder der Kommission sind betroffen über den Zustand von Joann, vier Jahre alt, die bis jetzt unter dem Trauma leidet, das sie durch den Vorfall erlitten hat. Sie beginnt zu zittern, wenn sie Gewehre sieht, schreit, wenn sie Soldaten erblickt, und wacht nachts schweißgebadet und zitternd auf. Jegliche lauten Geräusche bringt sie in Verbindung mit Schüssen.»

Noch im Traum verfolgt

Es ist ein heißer Nachmittag. Auf einem Schulhof in Manila toben fröhliche Kinder herum. Sie spielen, singen, erzählen Geschichten und malen. Eines der Bilder, die sie an einer Wand aufhängen, zerstört die friedliche Kinderidylle: Hohe Mauern, Stacheldraht und Wachtürme sind auf dem Blatt Papier zu sehen.

Die Kinder, die hier zusammengekommen sind, nehmen an einem Sommerprogramm des Children's Rehabilitation Center (CRC) teil. Dieses Center kümmert sich um Kinder, die in besonderer Weise Opfer der Militarisierung auf den Philippinen geworden sind: Immer wieder wurden und werden Kinder Opfer von Armeemassakern, leiden unter der Gefangenschaft ihrer Eltern oder müssen selbst im Gefängnis leben.

«Sie haben oft starke Alpträume», erklärt Alex Marcelino vom CRC. «Manchmal träumen sie, daß sie von Soldaten verfolgt würden und nicht aufhören können zu laufen. Oft nässen sie auch ins Bett.»

Alex Marcelino und seine Frau Elisabeth setzen sich mit einem sechsköpfigen Team und vielen freiwilligen Helfern für Kinder von politischen Gefangenen und Opfern von Massakern der Armee ein, seitdem sie selbst inhaftiert waren. Elisabeth Marcelino wurde 1982 für drei Monate in Camp Crame gefangengehalten. Ihr Mann war von 1982 bis 1985 im Bicutan Rehabilitation Center inhaftiert. Während dieser Zeit kümmerte er sich insbesondere um die elf Kinder, die mit ihren Vätern eingesperrt waren.

Da lebte zum Beispiel der vierjährige Alfred Manson seit seinem dritten Lebensmonat mit seinem Vater im Bicutan-Gefängnis. Sein Vater war Vorsitzender einer Fabrikgewerkschaft und wurde verhaftet, als Alfred erst ein paar Wochen alt war. Da seine Mutter ihn nicht ernähren konnte, mußte er bei seinem Vater im Gefängnis leben. Dort teilte er sein Leben mit politischen Gefangenen, die selbst stark unter Einsamkeit, Langeweile, Angst und Depressionen litten. Alfreds Vater wurde 1985 entlassen. Trotzdem hat Alfred nach wie vor große seelische Probleme.

Die Familienangehörigen tragen schwer an dem Schicksal der politischen Gefangenen. Die Gewalttätigkeit während der Verhaftung sowie die Not und die Bedrohung, denen die Angehörigen während der ganzen Haftzeit ausgesetzt sind, halten sie in einem ständigen Zustand der Angst und Unsicherheit. Kinder erfahren die dadurch hervorgerufene Familienkrise am schlimmsten. Tiefe Verzweiflung, Hilflosigkeit und Unsicherheit kennzeichnen ihr Leben, wenn die Eltern ihnen nicht mehr die gewohnte Sicherheit und Schutz geben können. Kinder sind um so mehr verwirrt, weil sie sich oft nicht erklären können, warum ihre Eltern oder ein Elternteil verhaftet, gefoltert oder gefangengehalten wurde.

Diesen Kindern wollte Alex Marcelino helfen. Gemeinsam mit seiner Frau Elisabeth, einer Psychologin, entwikkelte er nach seiner Entlassung aus dem Gefängnis die Idee, ein Zentrum für diese Kinder aufzubauen. Im Juni 1985 konnte das Zentrum seine Arbeit aufnehmen. Seitdem führt es Einzeltherapien und Hausbesuche bei den betroffenen Familien durch, organisiert jeden Samstag ein Therapie- und Spielprogramm für Kinder und hat ein Ausbildungsprogramm für Eltern entwickelt. Durch diese Fortbildung sollen die Eltern befähigt werden, selbst therapeutisch auf die Kinder einzugehen und sich auf ihre besonderen Probleme einzustellen.

«Die Eltern haben selbst oft große Probleme, wenn ein Elternteil aus dem Gefängnis entlassen wird», erläutert Marcelino. «Familienmitglieder müssen sich erst wieder zusammenfinden. Das hat natürlich auch Auswirkungen auf die Kinder. Darum ist ein Programm für ihre Eltern beson-

ders wichtig.» Langfristig sollen die Eltern in der Bewältigung ihrer Probleme vom Zentrum unabhängig werden.

Man könnte meinen, daß sich nach Marcos' Sturz die Arbeit des CRC erübrigen würde. Der Alltag zeigt, daß das Gegenteil der Fall ist. Auch wenn die Eltern aus dem Gefängnis entlassen werden, bleiben für die Kinder manchmal ‹lebenslängliche› psychische Probleme.

Die Sache mit der Fahne

Pagsanjang liegt nicht weit von Santa Cruz am Laguna-See. Seine Hauptattraktion ist der Wasserfall am Ende der Pagsanjangschlucht. Aber nicht seinetwegen gilt der Ort unter männlichen Touristen als Geheimtip.

Zahlreiche Männer kommen nach Pagsanjang, weil sie wissen, daß man hier Jungen bekommen kann, für eine Nacht, aber auch für den ganzen Urlaub. Die Männer kommen aus den Vereinigten Staaten, aus Australien, Japan, aber auch aus Deutschland, den Niederlanden, England und Frankreich. Sie kommen mit gefüllten Geldtaschen und vielen sexuellen Wünschen nach Pagsanjang. Kinderprostitution ist verboten, in ihren Ländern genauso wie auf den Philippinen. Aber hier zwingt das kärgliche Einkommen der Eltern viele Kinder dazu, sich zu prostituieren. Sie sind zwischen acht und sechzehn Jahre alt. Wenn die Jungen mit ins Hotelzimmer gehen, bekommen sie 100 Pesos (12,– DM), und wenn sie Glück haben, sogar 150 Pesos.

Als ich zu ihnen fahre und mit ihnen reden möchte, verstehen sie mich erst nicht. Wenn Männer mit ihnen ins Gespräch kommen, dann wollen sie Sex. Erst langsam begreifen die Jungen, daß ich etwas anderes möchte, daß ich etwas über ihr Leben und ihre Sorgen erfahren will.

Sie mustern mich mißtrauisch. Ob der Fremde wohl von der Polizei ist? Oder zumindest mit ihr unter einer Decke steckt? Da muß man vorsichtig sein. Sie wissen, daß die Polizei ihnen Schwierigkeiten machen kann.

Langsam werden sie offener und glauben mir, daß ich weder ein Kunde noch ein Polizist bin. Sie erzählen von ihren Träumen, daß eines Tages ein reicher Mann kommt, ihnen ein großes Geschenk macht oder sie gar mitnimmt. Aber dann berichten sie auch von den Wünschen der Männer, von ihren perversen Phantasien und ihren sadistischen Bedürfnissen. Die Jungen beschreiben, wie die Männer ihre Befriedigung oft nur bekommen können, wenn sie schlagen, peitschen, kratzen und beißen.

Um etwas zu verdienen, lassen die Jungen viel mit sich geschehen. Doch alles lassen sie nicht mit sich machen. Auch diese Kinder haben ihren Stolz. Und sie berichten mir, wie sie einmal ganz stark waren, wie sie einmal gezeigt haben, daß sie nicht alles tatenlos hinnehmen.

Ein warmer Wind kam den Fluß herunter. Aber er brachte kaum Erfrischung. Träge zog das Wasser vorbei. Es war lehmigbraun, fast gelb. Es trug grüne Schlingpflanzen mit sich, die sich gelegentlich in Renatos Zehen verfingen. Renato saß am Ufer, ließ seine Beine ins Wasser hängen und sah den Girlanden der Wasserpflanzen nach, die an ihm vorbeizogen und dann immer kleiner wurden. Irgendwann würden sie im See ankommen. Aber so weit konnte man von hier nicht sehen. Der Fluß machte noch viele Schleifen bis dorthin.

Renatos Blicke folgten dem Fluß, bis er hinter einer Biegung verschwand. Es konnte nicht mehr lange dauern, bis sein Vater vom See zurückkehren würde. Renato versuchte mit den Zehen eine schwimmende Pflanzeninsel an Land zu ziehen. Aber sie kam nicht nah genug ans Ufer, so daß sie vorbeiglitt und sich immer mehr entfernte. Als Renatos Blicke ihr folgten, erkannte er an der Biegung die Banco seines Vaters. Für einen Fremden sah sie nicht anders aus als die Boote der anderen Fischer, aber Renato konnte sie an dem langgezogenen Rumpf bereits von weitem von den anderen Booten unterscheiden. Und auch daran, wie sich sein Vater mit seinem ganzen Körper ins Ruder warf, konnte er das Boot erkennen.

Der Junge war gekommen, um seinem Vater beim Ausladen des Fanges zu helfen. Eigentlich wollte er etwas ganz anderes. Er wollte seinen Vater um etwas bitten. Beim Entladen des Bootes schien ihm dazu eine günstige Gelegenheit zu sein.

Der Vater hatte die Stelle erreicht, an der Renato auf ihn wartete. Er steuerte das Boot ans Ufer.

«Nimm die Leine!» sagte sein Vater. Er warf sie Renato zu.

Der Junge merkte an seiner Stimme sofort, daß sein Vater schlechte Laune hatte.

Sein Vater nahm den Korb und reichte ihn Renato ans Ufer. «Wieder nichts Richtiges dabei. Immer nur dieses Kleinzeug. Und davon nicht einmal soviel wie noch im vorigen Jahr.» Renato stellte den triefenden Korb ins Gras. «Die Banditen da oben machen uns eines Tages noch zu Bettlern. Denen müßte man...»

Der Vater wuchtete das Netz hoch und hielt die Luft an. Wenn das Netz naß war, war es besonders schwer. Renato wußte, wen er mit ‹die da oben› meinte. Schon seit Monaten fluchte er auf die Fabriken am oberen Ende des Sees. Seitdem sie immer mehr Abwässer in den See einleiteten, nahm der Fischbestand im See mehr und mehr ab.

Vielleicht war es doch nicht so gut, seinen Vater jetzt zu fragen, überlegte Renato. Aber irgendwann müßte er es ja doch tun. Und der Lehrer drängte. Jeden Tag ermahnte er ihn.

Schweigend half Renato seinem Vater beim Entladen des Bootes. Als sie fertig waren, blieb er noch einen Augenblick unschlüssig stehen.

«Ich brauche Geld», brachte er schließlich leise hervor. «Der Lehrer sagt, ich müßte unbedingt ein neues Heft haben. Und endlich auch eigene Stifte. Das Buch muß ich auch...»

«Der spinnt», unterbrach ihn sein Vater. «Wir sind froh, wenn wir satt werden. Und der Lehrer will, daß wir Hefte und Bücher kaufen! Vorstellungen hat der!» Der Vater begann die Fische zu sortieren.

«Sag ihm, Hefte und Stifte und Bücher könne er sich aus dem Kopf schlagen. Er solle erst mal dafür sorgen, daß ihr Arbeit findet.»

Renato antwortete nicht. Was hätte er auch sagen sollen. Schweigend machte er sich auf den Weg ins Dorf.

«He, Renato!»

Ein großer, schlanker Junge kam ihm entgegen. Sein schwarzes Haar trug er länger als die meisten anderen Jungen in seiner Klasse. «Mensch! Renato! Du machst ja ein Gesicht wie...»

Er suchte nach einem Vergleich, fand aber nicht sofort einen.

«Laß, Felipe!» sagte Renato müde. «Es ist wegen der Schule. Ich werde mir nie Bücher kaufen können.»

«Wird schon noch klappen.»

Felipe war heute richtig aufgekratzt.

«Wo willst du hin?» fragte ihn Renato.

«Zum Fluß. Ich muß mich waschen.» Felipe tat geheimnisvoll. «Weißt du, wer heute im Hotel *Tropical* angekommen ist?»

Renato schüttelte den Kopf.

«Der Australier vom vergangenen Jahr, Mister Clark. Weißt du, der mir die Jeans geschenkt hat. Diesmal hat er noch einen Freund mitgebracht. Du, Renato, das wäre doch was für dich. Der zahlt bestimmt 100 Pesos für den Abend.»

Felipe war ganz aufgedreht. Schon lange hatte er kein Geld mehr verdient. Er faßte Renato am Arm.

«Komm, wir waschen uns. Und dann gehen wir zum *Tropical*.»

Der Kellner im weißen Hemd, der hinter dem Tresen stand, schüttelte den Mixbecher. Dann füllte er den Inhalt in zwei Gläser, garnierte sie mit Orangenscheiben und stellte sie auf ein Tablett. Renato und Felipe hatten ihm genau zugeschaut. Er kam um den Tresen herum, nahm das Tablett und trat mit ihm an den Swimmingpool.

Die beiden Männer kamen zum Rand des Swimmingpools geschwommen und stemmten sich an der Kante aus dem Wasser. «Danke», sagten sie und griffen nach den Gläsern.

Dabei fielen ihre Blicke auf Renato und Felipe, die neben ihnen unter einem Sonnenschirm standen.

«Ah! Sieh mal! Da ist ja Felipe», sagte einer von ihnen. «Hast du einen Freund mitgebracht?»

Felipe nickte höflich. Der Mann stieß seinen Freund mit dem Ellenbogen in die Seite und nahm einen Schluck aus dem Glas.

«Du hast ein schönes, weiches Gesicht», stellte der andere fest. «Und ganz glatte Haut.»

Er überlegte. «Ihr zwei, wollt ihr eine Cola haben?»

«Gerne», sagte Felipe. Renato blickte verlegen zur Seite.

Der Mann gab dem Kellner einen Wink. Kurz darauf kam er mit zwei Gläsern Cola.

«Na, dann laßt es euch schmecken.» Der Mann lächelte die beiden auffordernd an.

«Danke schön, Mister», sagte Renato.

«Ich bin Mr. Jones», erklärte der Mann. «Aber alle meine Freunde nennen mich Bob. Und wir sind doch Freunde?»

Renato wußte nicht, was er antworten sollte. Felipe trat ihm unauffällig auf den Fuß. Renato nickte und sagte dann: «Ja, Mr. ...» Er bekam noch einen Tritt. «Ja, Bob», verbesserte er sich.

Die beiden Jungen griffen nach den Gläsern.

«Bist du schon lange auf den Philippinen?» fragte Felipe Mr. Clark. Er wußte, wie man mit den Gästen ins Gespräch kommen mußte.

«Ein paar Tage schon. Wir waren in Manila. Eine gräßliche Stadt. Aber hübsche Jungen gibt es dort.» Er unterbrach sich. «Natürlich nicht so hübsch wie ihr zwei.»

Sein Freund mußte lachen.

«Wie heißt du?» fragte Mr. Jones.

Renato antwortete verlegen.

«Renato.» Mr. Jones zog das Wort in die Länge. «Ein schöner Name. Du gefällst mir. Reich mir mal mein Badetuch, Renato.»

Er drehte sich zu seinem Freund um und sagte: «Laßt uns auf die Zimmer gehen.»

Mr. Clark stellte sein Glas wieder aufs Tablett und gab den beiden Jungen zu verstehen, ihnen zu folgen. Dann verschwand er mit Felipe in seinem Zimmer. Mr. Jones nahm Renato mit.

Die Nachmittagssonne stand hoch über den Palmen, die das Flußufer säumten. Die Jungen lagen im Schatten und sahen den Booten nach, die die Touristen die Pagsanjangschlucht hinaufbrachten. Die Fischer waren froh, wenn sie diesen Extraverdienst hatten. Aber es war nicht leicht, an die Touristen heranzukommen. Oft mußte man tagelang vor den Hotels warten, bis man jemanden fand, der zu den Fällen wollte. Renatos Vater hatte schon lange keine Fremden mehr die Schlucht hinaufgefahren.

Die Jungen hatten die Augen halb zugekniffen. Sie blinzelten zur Brücke hinüber, an der die Bancos zusammengebunden wurden. Ein größeres Boot mit einem Außenbordmotor zog dann vier oder fünf von ihnen den Fluß hinauf. Dort, wo die Stromschnellen begannen, wurden sie wieder getrennt. Jetzt mußten die Bootsführer mit ihrer eigenen Kraft die Boote gegen die Strömung bringen. Bei Niedrigwasser war das nicht leicht. Die Männer mußten die schweren Bancos dann mit den Fahrgästen die Schnellen hochziehen und manchmal sogar über die Felsbrocken schieben. Das war Knochenarbeit. Und ungefährlich war es auch nicht, denn in dem strudelnden Wasser konnten die Füße schnell auf den glitschigen Steinen ausrutschen. Vierzehn Stromschnellen mußten sie bewältigen. Zu beiden Seiten des Flusses ragten die steilen Felsen bis zu hundert Meter in die Höhe. Am Ende der Schlucht stürzte sich ein mächtiger Wasserfall hinunter. Mit einem Floß aus Bambusstangen wurden die Gäste direkt hinter das herunterdonnernde Wasser gefahren.

Zurück ging die Fahrt ganz schnell. Wie Pfeile schossen die Boote dann über die Stromschnellen und jagten den Fluß hinunter. Jetzt zeigte sich, wer außer seiner Muskelkraft auch noch Geschick hatte.

In Gedanken folgten die Jungen den Bancos flußaufwärts. Plötzlich sprang Felipe auf.

«Kommt! Laßt uns schwimmen! Ich habe keine Lust, den ganzen Nachmittag nur im Schatten zu liegen und vor mich hin zu dösen.»

Die anderen Jungen waren froh, daß irgend etwas geschah. Sie standen auf und streiften ihre Hemden über den Kopf. Nur Renato blieb sitzen.

«He! Was ist los mit dir?» rief Danilo.

Mit seinen großen Augen sah er jünger aus, als er wirklich war. Bei den Männern im Hotel war er darum immer besonders beliebt. Er ging zu Renato und zog ihn mit den Händen hoch.

«Jetzt komm schon!»

«Ich hab keine Lust», wehrte Renato ab.

«Sei kein Spielverderber.»

Felipe kam jetzt auch zu Renato.

«Ich...» Renato zögerte einen Augenblick. «Ich muß zu Mr. Jones.»

«Was? Jetzt schon? Es ist doch noch so früh. Komischer Typ, dieser Jones, daß der dich schon nachmittags will. Laß den Kerl doch warten!»

«Das hat er nicht gern.» Renato ging den Weg zum Dorf hinauf. Die anderen Jungen schüttelten ihre Köpfe und sprangen dann ins Wasser.

«Mit deinen Gedanken warst du heute wirklich überall, nur nicht hier in der Schule.»

Der Lehrer versuchte Renato vorwurfsvoll anzublicken. Aber es war zu erkennen, daß er nicht wirklich böse auf ihn war. Schließlich war Renato heute mit Heften und Stiften und einem neuen Buch zur Schule gekommen. Der Lehrer klatschte in die Hände. «Damit ihr zum Schluß alle richtig wach werdet, laufen wir zehnmal um die Schule. Also: zieht eure Hemden aus und stellt euch draußen auf.»

Die Jungen legten ihre Hemden auf die Tische und stürmten nach draußen. Nur Renato behielt sein Hemd an.

«Auch du sollst dein Hemd ausziehen, Renato», sagte der Lehrer. Jetzt sah er wirklich etwas verärgert aus. «Brauchst du etwa eine Extraaufforderung?»

«Ich kann nicht. Ich...» Renato begann zu stottern.

«Was heißt hier: Ich kann nicht!» Der Lehrer ergriff sein Hemd, riß es hoch und zog es ihm über den Kopf. Renato blickte zu Boden. Seine Brust und sein Rücken waren mit roten Streifen und Kratzern übersät. Der Lehrer schwieg einen Augenblick betroffen. «Darum also.»

Er sah Renato fragend an.

«Warum laßt ihr das nur mit euch machen?»

Renato blickte zum Lehrer auf. «Wovon soll ich denn sonst meine Schulsachen bezahlen? Wenn ich erst einmal das Abschlußzeugnis habe, dann wird alles vorbei sein. Vorher nicht. Wovon sollte mein Vater die Schule bezahlen können?»

Der Lehrer hielt noch immer Renatos Hemd fest. Er hatte es zu einem Knäuel zusammengeballt und knetete es gedankenlos. Eine Zeitlang stand der Lehrer stumm da. Die Jungen hatten sich schweigend um ihn gestellt. Schließlich drückte er Renato das Hemd wieder in die Hand.

«Da, nimm schon! Zieh es an! Und jetzt geht nach Hause!» Und dann fügte er noch ganz leise hinzu: «Und vergeßt nicht zu beten.»

Er gab seinen Schülern einen Wink. Die gingen in die Klasse zurück, zogen sich wieder an, packten ihre Sachen und machten sich auf den Heimweg.

Felipe ging eine Weile neben Renato her, ohne etwas zu sagen.

«Bist du deswegen gestern nicht mit ins Wasser gegangen?» unterbrach er schließlich das Schweigen.

Renato nickte.

«Immer mehr Männer schlagen einen. Die sind wirklich völlig verrückt.»

«Ich kann ihn nicht ausstehen!» schrie Renato plötzlich. Dann fragte er leise: «Magst du deinen Mr. Clark?»

«Mögen?» Felipe lachte bitter. «Ich mag sein Geld. Und, na ja, das Essen. Wenn er zum Essen ausgeht und mich mitnimmt, gibt es immer etwas Besonderes. Und soviel, wie ich will. Aber das ist auch alles.»

Felipe machte eine Pause. Dann sagte er: «Geh einfach nicht mehr zu ihm.»

«Er hat mir versprochen, sich von meinem Vater zum Wasserfall hochfahren zu lassen», antwortete Renato. «Vater hat schon lange keine Touristen mehr gehabt.»

Felipe sagte nur: «Ja, ja.» Er kannte das.

Am Abend ging Renato wieder zum *Tropical*. Vor dem Haus stand der Hotelmanager und zog eine Fahne am Mast hoch. Renato kannte die Farben. Es waren die gleichen wie auf einem Schild, das an Mr. Jones' Koffer klebte. Renato blieb stehen und sah zu, wie der Manager die Fahne langsam nach oben zog. Der Manager hatte ihn bemerkt.

«Dein Freund hat gesagt, daß es ihm hier so gut gefalle, daß er länger bleiben wolle.» Der Manager grinste. «Und für einen Dauergast muß man was tun. Die Gäste sollen sich wohl fühlen. Um so länger bleiben sie.»

«Sie sollen lange bleiben», murmelte Renato leise vor sich hin. Und dann sagte er fast unhörbar: «Aber darum muß man doch nicht gleich die australische Fahne hochziehen.»

Der Lehrer hatte ihnen von Zeiten berichtet, in denen stets fremde Fahnen in ihrem Land hochgezogen werden mußten. Erst waren es die der Spanier, dann die der Amerikaner, schließlich die der Japaner. Nach dem Krieg waren es wieder amerikanische Fahnen. Es war noch gar nicht so lange her, daß die philippinische Flagge an den Masten wehte. Der Lehrer war stolz darauf. Und seine Schüler waren es auch.

Es hatte sich schnell herumgesprochen, daß vor dem Hotel *Tropical* die australische Fahne wehte. Aber den meisten war es gleichgültig. Ihnen war wichtig, daß die Fremden Geld nach Pagsanjang brachten.

Aber den Jungen war es nicht egal. Wenn sie schon die perversen Phantasien der Männer erfüllen mußten, um zu überleben, dann wollten sie nicht auch noch ihre Fahne über sich flattern haben.

Am nächsten Tag hängte der Lehrer ein vergilbtes Bild an die Tafel. Es zeigte einen jungen Mann. Er hielt ein Buch in der Hand.

«Das ist er», sagte der Lehrer mit einer Stimme, die beinahe feierlich klang.

«José Rizal.» Und dann begann er von dem großen Dichter zu erzählen, der sich so entschieden gegen die spanische Kolonialherrschaft aufgelehnt hatte. Bis ihn die Spanier ermordeten. «Auch nach ihm hat es immer wieder mutige Filipinos gegeben, die sich gegen fremde Herren zur Wehr setzten. Inzwischen sind wir ein selbständiger Staat. Aber abhängig sind wir noch immer. Heute wehen die Fahnen vieler Länder über den Philippinen. Manche unsichtbar, manche sichtbar.»

«Aber das wißt ihr ja selbst», fügte der Lehrer hinzu, als er den Schülern gerade den Rücken zugewandt hatte.

Er rollte das Bild zusammen und legte es auf seinen Tisch.

«Übrigens...» Er zögerte einen Augenblick. «Im Flur stehen einige Dosen mit Salbe. Ich habe sie aus Santa Cruz mitgebracht. Ein Arzt sagte mir, daß sie gut für die Haut sei. Nehmt sie euch mit. Und jetzt Schluß für heute. Bis morgen.»

Renato und die anderen hatten verstanden. Sie wußten, daß der Lehrer auf ihrer Seite stand, selbst wenn er nicht mehr für sie tun konnte.

Auf dem Nachhauseweg besprachen sich die Jungen. Sie waren sich einig darüber, daß sie etwas tun mußten. Nur was, das war ihnen noch nicht klar. Schließlich schlug Danilo vor, sie sollten eine Delegation bilden. Drei von ihnen sollten zum Manager gehen und ihn auffordern, die Fahne sofort herunterzunehmen. Daß Renato zu den drei gehören sollte, war allen klar. Und daß er Felipe mitnehmen wollte, verwunderte auch niemanden.

Und da Danilo den Vorschlag gemacht hatte, war er der dritte.

Die drei gingen noch am gleichen Tag zum *Tropical*. Als der Manager hörte, was sie wollten, lachte er sie nur aus.

«Von Kindern lasse ich mir doch nichts vorschreiben! Und schon recht nicht im eigenen Haus. Ihr könnt froh sein, wenn ich versuche, die Gäste so lange zu halten wie irgend möglich. Wer geht denn mit ihnen aufs Zimmer? Ich doch nicht.»

Der Manager verschwand wieder in seinem Büro. Renato, Felipe und Danilo waren wütend und hilflos zugleich.

«Dem werden wir's zeigen», knurrte Felipe.

Aber wie, das wußte er auch nicht. Schweigend verließen die drei das Hotel.

Als sie am nächsten Tag wieder an die Tür zum Büro des Managers klopften, fühlten sie sich stark und sicher.

«Ja. Bitte eintreten», hörten sie seine Stimme.

Die drei traten ein.

«Was? Ihr schon wieder?» Die Stimme des Managers klang genervt. «Wollt ihr heute etwa, daß ich die Ventilatoren ausbaue?»

«Nein.» Felipe versuchte, ganz ruhig zu bleiben. «Wir wollen, daß Sie die australische Fahne herunternehmen. Nicht mehr und nicht weniger.»

Renato fand, daß Felipe seine Sache ausgezeichnet machte.

«Und was soll mich dazu bewegen, wenn ich fragen darf?» entgegnete der Manager gereizt.

«Ihre leerstehenden Zimmer.»

«Meine was?» Der Manager prustete vor Lachen. «Leerstehende Zimmer?» wiederholte er. «Die meisten sind belegt. Ich kann wirklich nicht klagen.»

«Noch nicht», warf Felipe wie beiläufig ein.

Auch Danilo staunte, wie lässig er das machte.

«Was soll das heißen: Noch nicht?» Der Manager horchte verblüfft auf.

«Nichts anderes, als daß wir Jungen beschlossen haben, Ihr Hotel zu bestreiken. Und wenn wir nicht kommen, werden auch die Gäste nicht lange bleiben.»

«Trotz australischer Fahne», fügte Renato spitz hinzu.

Felipe und Danilo mußten grinsen.

«Ach, was redet ihr für einen Unsinn!»

Die drei merkten, daß der Manager nervös zu werden begann. Unruhig ging er in seinem Büro auf und ab. Dann hielt er plötzlich inne und lachte gekünstelt.

«Macht das ruhig. Dann kommen eben andere Jungen. Von eurer Sorte gibt es hier genug. Und jetzt raus hier! Raus! Habt ihr verstanden?»

Renato, Felipe und Danilo verließen das Büro betont langsam. Sie waren sich ihrer Sache ganz sicher. Jetzt kam es nur noch darauf an, daß auch wirklich alle Jungen zusammenhielten.

Bereits am nächsten Tag blieben die Gäste am Swimmingpool unter sich. Sie fragten den Manager, warum denn keine Jungen da wären. Doch der zuckte nur gereizt mit den Schultern. Als sich am folgenden Tag noch immer kein Junge blicken ließ, schickte er seine Kellner durch den Ort. Doch nirgends gab es einen, der bereit war, zum *Tropical* zu kommen.

Am Tag darauf reisten Mr. Clark und Mr. Jones verärgert ab. Andere Gäste folgten ihnen. Nach ein paar Tagen war das Hotel leer. Der Manager holte die Fahne fluchend vom Mast. Die Jungen aber feierten ihren Sieg am Fluß und badeten. Als sie am nächsten Morgen in ihre Klasse traten, waren mit Kreide zwei Worte an die Tafel geschrieben: «Rizal lebt.»

Erzähle ihnen von uns!

«Erzähle ihnen von uns, wenn du wieder zu Hause bist. Die Leute müssen wissen, daß es uns noch gibt. Das ist unsere einzige Chance.»

Das hat Pedro Maca mir durch die Gitterstäbe nachgerufen, als ich das Gefängnis für politische Gefangene in Fort Bonifacio verließ. Er hatte sich gegen die Marcos-Diktatur gewandt und sich für gerechtere Verhältnisse auf den Philippinen eingesetzt. Darum wurde er im August 1981 von fünf Polizisten in Agusan del Norte verhaftet, später gefoltert und zu 48 Jahren Gefängnis verurteilt.

«Ich beginne jetzt Licht zu sehen», sagte mir Pedro Maca. «Aber ich weiß nicht, ob es wirklich hell wird. Darum berichte von uns.»

Um dasselbe baten mich auch die Kinderarbeiter auf den Zuckerrohrplantagen der Insel Negros.

«Erzähle von uns, unserem Leben und unserem Kampf.»

Die Menschen auf der Müllhalde von Manila und die Angehörigen von politischen Gefangenen trugen mir ähnliches auf. Alle beschworen mich, ihr Schicksal öffentlich zu machen.

Das war im Sommer 1986. Das philippinische Volk hatte gerade neun Wochen zuvor Präsident Marcos, der mit diktatorischen Vollmachten regierte, aus dem Land gejagt. Überall wuchsen neue Hoffnungen. Wie Pedro Maca begannen viele Menschen Licht zu sehen. Ob es wirklich hell werden würde, das wußte niemand.

Es war eine aufregende Zeit, die ich im Auftrag des Kinderhilfswerks terre des hommes auf den Philippinen verbrachte. Ich wollte etwas über das Leben der Kinder und Jugendlichen dort erfahren. Was sie mir berichteten, war erschütternd und ermutigend zugleich.

Die Geschichten, Reportagen und Fallbeispiele berichten von gewöhnlichen und außergewöhnlichen Ereignissen. Sie zeigen das Leiden und den Überlebenskampf, aber auch Stärke und Kraft dieser Kinder. Sie machen deutlich, daß auf den Philippinen auch nach dem Sturz Marcos' die Lage der Kinder bedrückend ist. Sie beschreiben aber auch ihren Ideenreichtum, ihre Hoffnung und Energie.

Die dokumentierten Schicksale sollen betroffen, aber nicht mutlos machen. Betroffenheit darf nicht zu Apathie und Handlungsunfähigkeit führen, sondern soll in Engagement umschlagen. Das Nachwort «Wie können wir helfen?» zeigt auf, wie ein solches Engagement aussehen kann.

Wie können wir helfen?

Ein Nachwort

Die Schicksale von Rodrigo, Allan, Edgar, Alfonso, Julieta, Pedro, Liwanag, Felipe, Renato, Merlie, Rogelio, Juanito, Ricco, Loreto, Millio, Conny und all den anderen machen deutlich, daß die Kinder und Jugendlichen auf den Philippinen nicht nur leiden. Sie zeigen auch die Hoffnung, Stärke und Kraft, den Ideenreichtum und die Energie dieser jungen Menschen. Sie handeln. Sie versuchen, ihr Schicksal in die eigenen Hände zu nehmen. Sie beginnen, ihr Leben zu verändern, auch wenn es manchmal nur sehr kleine Schritte sind, die sie machen können. Aber jeder Schritt führt ein kleines Stückchen nach vorn.

Darum sollten auch wir nicht im Mitleid steckenbleiben oder in Mutlosigkeit verfallen. Auch wir können aktiv werden, um das Leben dieser Kinder und Jugendlichen verändern zu helfen.

«Die leben doch viel zu weit fort von uns», könnte man einwenden. «Wie kann man da schon helfen?»

Die Entfernung spielt keine Rolle. Wichtig ist nur, ob wir uns einsetzen wollen. Das, was zählt, ist unser Engagement. Auch wir können handeln. Auch wir können Schritte machen. Ob sie klein oder groß sind, ist nicht so entscheidend. Wichtig ist nur, daß sie in die richtige Richtung führen.

Es gibt verschiedene Möglichkeiten, aktiv zu werden. Überall gibt es Menschen, denen man vom Leben der philippinischen Kinder berichten kann. Für sie und ihre Probleme eine Öffentlichkeit herzustellen ist ein erster und wichtiger Schritt. Manche Leute sind vielleicht sogar bereit, einen kleinen Betrag zu geben, den terre des hommes an die Menschen auf den Philippinen weitergeben kann. Dort haben sich zahlreiche Gruppen zusammengeschlossen, um ihre Lebensbedingungen zu verbessern. Diese Selbsthilfegruppen unterstützt terre des hommes. Einige von ihnen sind euch bereits durch die Geschichten, Reportagen und Fallbeispiele bekannt.

Noch immer leiden Kinder auf den Philippinen unter den Folgen der Militarisierung. Viele wurden zu Opfern bei Massakern der Armee. Andere leiden noch immer unter der Gefangenschaft ihrer Eltern oder versuchen jene Zeit zu verarbeiten, in der sie selbst hinter Gefängnismauern leben mußten. Das Children's Rehabilitation Center (CRC) betreut diese Kinder.

terre des hommes unterstützt Selbsthilfegruppen in den Armenvierteln von Manila, z. B. in Tondo. Dort organisiert die SCAPS (Share and Care Apostolate for poor Settlers) im Barrio Magsaysay drei Kindertagesstätten mit Vorschulunterricht. Die Kinder werden nicht nur pädagogisch betreut, sie erhalten auch ein warmes Mittagessen. Für viele Kinder ist das zum erstenmal eine regelmäßige Mahlzeit. Die Mütter erhalten durch die Kinderbetreuung mehr Zeit, in der sie arbeiten und Geld verdienen können.

Ein Teil der Frauen arbeitet in den Nähwerkstätten, die – ebenfalls von terre des hommes finanziert – helfen sollen, das Einkommen der Frauen zu verbessern. Ziel dieser Werkstätten ist es, eines Tages zum Unterhalt der Kindertagesstätte beizutragen. Weil die Preise für Grundnahrungsmittel sehr stark gestiegen sind, haben die Menschen von Magsaysay beschlossen, eine Konsumgenossenschaft aufzubauen. Durch Großeinkäufe direkt bei den Erzeugern können jetzt vor allem die wichtigsten Lebensmittel günstiger besorgt werden. Die Menschen in Tondo fangen an, sich zu organisieren.

Ärzte und Arzneimittel sind für die Mehrheit der philippinischen Bevölkerung unbezahlbar. Insbesondere für die unmittelbaren Opfer der Marcos-Herrschaft, für aktive Gewerkschafter, für Angehörige politischer Gefangener, für Zwangsumgesiedelte, haben Ärzte und Anwälte im November 1982 angefangen, einen Gesundheitsdienst aufzubauen, der ohne horrende Klinik- und Medizinkosten auskommt.

Diese Medical Action Group (MAG) hat im Zentrum Manilas eine kleine Praxis, in der Patienten untersucht und behandelt werden. Die behandelnden Ärzte nehmen sich dafür jeweils einen halben oder ganzen Tag in der Woche frei und sorgen so dafür, daß immer ein Mediziner kostenlos Sprechstunde anbietet.

Daneben unterstützt terre des hommes ein mobiles Ärzteteam, das regelmäßig in die ‹Umsiedlungsgebiete› außerhalb Manilas fährt, wo die Bevölkerung von jeglichem Gesundheitsdienst abgeschnitten ist. MAG hat in den vergangenen Jahren immer mehr Ärzte zur Mitarbeit gewinnen können und ähnliche Gruppen wie in Manila auch in anderen Städten eingerichtet. In enger Zusammenarbeit mit Menschenrechtsgruppen im ganzen Land hat die Medical Action Group auch Untersuchungen über die Gesundheitslage der Menschen in besonders vernachlässigten Gebieten angestellt und Verbesserungsvorschläge erarbeitet. Eines der Umsiedlungsgebiete ist Sapang Palay.

Dorthin wurden jene Menschen umgesiedelt, die beim Ausbau des Hafens von Manila im Weg waren. Aber dort gab es nichts, nur Toilettenhäuschen in der Einöde. Auf Grund der Armut ist die Gesundheitssituation der Menschen dort sehr schlecht.

Im neuen Basisgesundheitsdienst arbeiten vierzehn Gesundheitshelferinnen. Eine von ihnen ist Maja. Sie berichtet:

«Es gibt keinen Arzt oder irgendeine Gesundheitsversorgung, obwohl die Menschen durch die schlechten sanitären Verhältnisse und die Armut oft krank sind. Deshalb waren besonders die Frauen in Sapang Palay an den Kursen von SCAPS über Basisgesundheit interessiert. Dreißig Frauen sind wir am Anfang gewesen. Aber nur vierzehn haben bis zum Schluß daran teilnehmen können.» Es war offenbar nicht einfach, sich die Zeit für die Kurse zu nehmen, denn «die Hausarbeit und die Versorgung der Kinder hatte uns ja keiner abgenommen, und die Männer sind anfangs unserer Arbeit gegenüber sehr mißtrauisch gewesen».

Inzwischen sind diese vierzehn in Erster Hilfe ausgebildet.

«Das ist auch ein Ergebnis des Kurses.» Maja deutet auf ihren ‹lebenden Medikamentenschrank› im kleinen Garten vor ihrem Haus. Alle Gesundheitshelferinnen haben verschiedene Heilkräuter und Pflanzen angebaut.

Die Politik der ‹Zuckerbarone› auf der Insel Negros hat dazu geführt, daß eine Viertelmillion Zuckerarbeiter innerhalb weniger Jahre ihre Arbeit ganz verloren haben oder zu Gelegenheitsarbeitern wurden. Auf Negros ist die Hungersnot kaum weniger schlimm als in vielen Ländern Afrikas.

Es ist unbegreiflich: Auf der einen Seite arbeitslose Zuckerarbeiter, auf der anderen Seite Zehntausende Hektar brachliegendes Zuckerland. Über eineinhalb Millionen Menschen leben hier, die nicht wissen, ob sie am nächsten Tag etwas zu essen haben werden, und ein paar hundert, die trotz der Krise berauschende Feste feiern und auch heute noch Privatarmeen unterhalten.

Anfang der siebziger Jahre wurde die unabhängige Zuckerarbeitergewerkschaft, die ‹National Federation of Sugarworkers› (NFSW) gegründet. In harten Kämpfen hat sie in einigen Betrieben bessere Sozialleistungen und höhere Löhne durchsetzen können – allerdings noch immer weit unter dem Existenzminimum.

Die NFSW fordert darum, brachliegendes Land den Zuckerarbeitern zur Verfügung zu stellen. In langen Verhandlungen ist es ihr gelungen, einigen Landbesitzern ein paar tausend Hektar abzuringen.

terre des hommes unterstützt die Zuckergewerkschaft im Distrikt Mia-Norte dabei, auf solch brachliegenden Feldern sogenannte kommunale Farmen einzurichten. Vor allem werden hier Reis, Mais und Gemüse angepflanzt. Das Land wird von den Familien gemeinsam verwaltet und bestellt.

Im Zuge der Zuckerkrise sind viele arbeitslos gewordene Plantagenarbeiter vertrieben worden. Gewerkschaftlich aktive mußten vor den brutalen Einsätzen der Privatarmeen reicher Landbesitzer fliehen. Obwohl mit dem ehemaligen Diktator

Marcos auch einige der einflußreichsten Zuckerbarone vertrieben wurden, hat sich weder an der Not der Arbeiter noch an der Unterdrückung durch die Großgrundbesitzer viel geändert.

In der Umgebung von San Enrique haben sich ehemalige Zuckerarbeiter zu Basisgruppen zusammengeschlossen und das ‹First Ecumenical Fellowship› (FEF) gegründet. In zehn von der Not schwer betroffenen Dörfern, in denen sich ehemalige Zuckerarbeiter angesiedelt haben, werden Nahrungsmittel (vor allem Reis) und Saatgut an bedürftige Familien verteilt. Wo die Bevölkerung dazu in der Lage ist, soll ein Teil der Hilfe nach der nächsten Ernte zurückerstattet werden, um weiteren Gruppen helfen zu können.

Auf dem Gebiet einer weiteren Gemeinde wird eine Kommunalfarm eingerichtet. Mit Hilfe einer Grundausstattung an Saatgut und einfachen Geräten stellen die Bauern eine dörfliche Selbsthilfegenossenschaft auf die Beine.

In einem der ärmsten Fischerdörfer der Gegend, in Buenavista, dessen Bewohner zu zwei Drittel in den letzten zehn Jahren aus der Zuckerwirtschaft abgewandert sind, wird ein Wirtschaftsprojekt verwirklicht. Drei motorisierte Boote mit Fangausrüstung wurden angeschafft, die gemeinschaftlich von der Dorfbevölkerung betrieben werden. terre des hommes unterstützt diese Selbsthilfegruppen.

Es gibt zahlreiche Möglichkeiten, um für diese Gruppen Geld zu sammeln. Man kann eine Projektwoche in der Schule organisieren. Oder ein Kinderfest, einen Basar, einen Flohmarkt, einen Liederabend, ein Puppen- oder Schattenspiel, eine Theateraufführung, ein Freundschaftsspiel zwischen zwei Fußballmannschaften. Wenn ihr in eurer Schule eine Schülerzeitung habt, könnt ihr eine Ausgabe zu diesem Thema herausgeben.

Bestimmt habt ihr noch viel mehr Ideen. Wichtig ist nur, daß man sie umsetzt. Es gibt sehr viele Möglichkeiten, aktiv zu werden, um diese Welt zu verändern. Und das Gute ist: man braucht keine Minute zu warten, damit zu beginnen.

Wer weitere Informationen über terre des hommes und seine Arbeit haben möchte oder Material für die Schule oder die Jugendarbeit benötigt, wende sich bitte an:

terre des hommes
Hilfe für Kinder in Not
Postfach 4126 · 4500 Osnabrück
Spendenkonto 700 · Bank für Gemeinwirtschaft Osnabrück

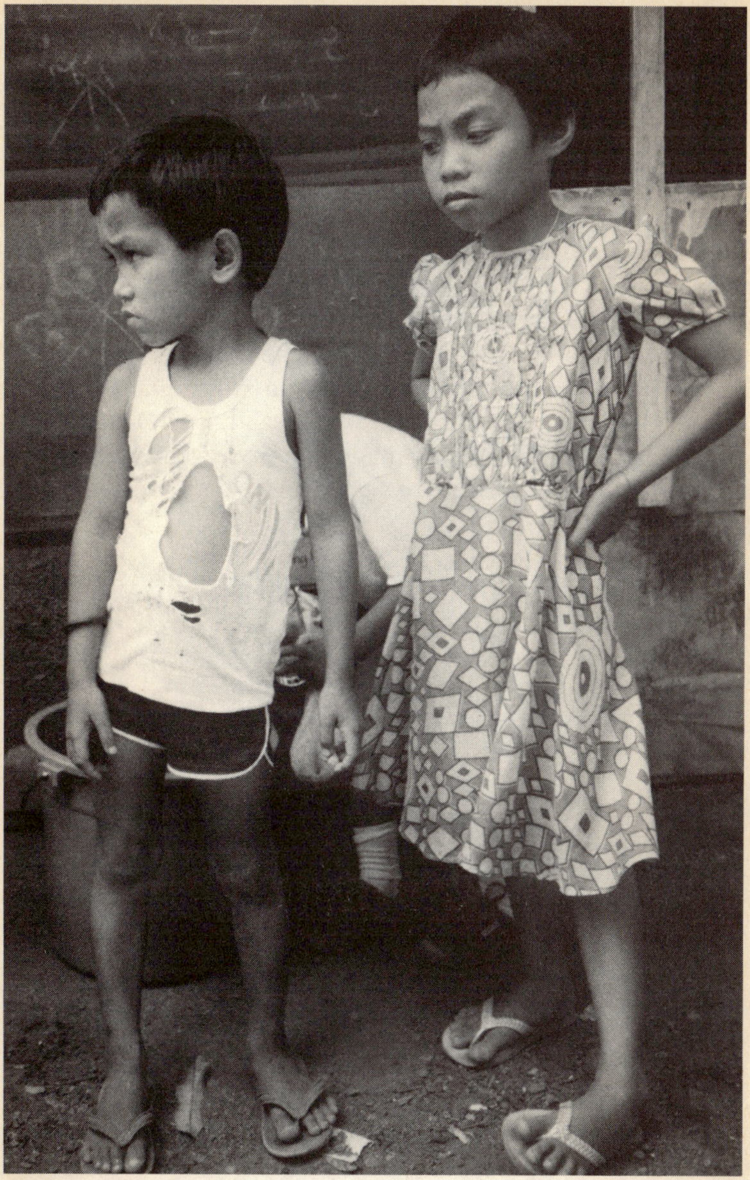

Fotoausstellungen zum Buch

terre des hommes stellt für Schulklassen und Gruppen zwei kleine Fotoausstellungen zur Verfügung. Sie können kostenlos bei terre des hommes entliehen werden. Die Ausstellungen bestehen aus Fotos im DIN-A4-Format. Die eine Ausstellung bezieht sich auf die Geschichte ‹Unter den Füßen die Glut› und zeigt das Leben auf dem Müllberg Manilas (schwarzweiß). Die andere zeigt Fotos zu den verschiedenen Geschichten dieses Buches (bunt). Alle Fotos wurden vom Autor gemacht. Außerdem verleiht terre des hommes verschiedene Diaserien zu den Philippinen. Darüber hinaus kann ein Länderheft ‹Philippinen› angefordert werden.

Shanshan lebt in einem Dorf in Nordchina. Sie ist froh, daß sie nach zwei Jahren die Schule aufgeben darf. Nur die Großmutter findet es rückständig, daß Shanshan zu Hause bleibt, während ihr jüngerer Bruder die Schule beenden soll. Als ihre Eltern sie jedoch nach alter Sitte einem Mann als zukünftige Ehefrau versprechen, faßt Shanshan einen Plan . . .
Band 430/ab 12 Jahre

Wenn Leila Wasser holt, muß sie weit laufen. Das Wasser ist schlecht, Leila wird krank davon. Immer sind es Kinder, die am meisten leiden, wenn irgendwo Unrecht geschieht, und immer wächst aus der Reihe der Kinder wieder Hoffnung, Solidarität, Selbstbewußtsein und Widerstand, wenn sie anfangen, dieses Unrecht nicht mehr Schicksal zu nennen.
Band 363/ab 13 Jahre

Wer sind die Könige des Strandes von Bahia? Die Männer in ihren Luxusschlitten oder die Strand-Kinder aller Hautfarben, die Zeitungen verkaufen, für kleine Trinkgelder große Dienste leisten, in ihrem Schuppenversteck rauchen und Karten spielen und Heiligenfiguren aus den Kirchen stehlen?
Band 68/ab 13 Jahre

Wie lebt ein afrikanischer Junge in einem Urwalddorf? Bilo spielt Fußball, trifft sich abends mit Mbella auf dem Dorfplatz oder lauscht den alten Märchen seiner Großmutter. Aber Bilo muß auch schwer arbeiten: bei der Kaffee-Ernte oder am Markttag. Immer häufiger träumt er von einem besseren Leben in der Stadt . . .
Band 399/ab 11 Jahre

Marco und Alicia leben in einer ganz normalen chilenischen Familie. Doch die Verhältnisse sind nicht normal. Angst bestimmt ihr Leben, Angst vor der DINA, der chilenischen Geheimpolizei. - Ohne Pathos oder Resignation erzählen die Autoren, die lange in dem Land gelebt haben, vom Alltag heute in Chile.
Band 426/ab 12 Jahre

Che Guevara: Plakat - Geschäft – Hollywood-Film – Bürgerschreck – Don Quichotte – Guerillero mit Heiligenschein? Der Autor trug Materialien aus Europa, Nord- und Südamerika zu einem umfassenden Bericht zusammen, der Aufschluß über das Leben und die Ziele dieses südamerikanischen Revolutionärs gibt. Deutscher Jugendbuchpreis. Band 137

Welche Gewalt kommt aus der Gewalt? Welches Leid wird aus dem Leid geboren? In Lateinamerika sprach Reinhardt Jung mit den Kindern, die als Schuhputzer und Müllsammler leben, als Arbeiter in den Bergwerken, als Dienstmädchen und Straßensängerinnen, als Kämpfer im Untergrund und in den Gefängnissen.
Band 412/ab 14 Jahre

C 2285/1

März 1945: Florians Eltern beschließen, sich und ihren Sohn zu vergiften, wenn der Krieg verloren-geht. Das Kriegsende kommt, die Eltern denken nicht daran, sich das Leben zu nehmen. Für Florian bricht mit dem Einmarsch der Amerikaner eine Welt zusammen. Mit einem Freund beschließt er zu fliehen . . . Band 359

Wie konntet ihr «das mit den Juden» zulassen? Warum wart ihr in der Hitler-Jugend? Weshalb habt ihr euch im Krieg freiwillig gemeldet? Was habt ihr euch nach 1945, als dieser Krieg verloren war, gedacht? Walter Jendrich, der die Nazizeit zum großen Teil bewußt miterlebt hat, stellt sich den Fragen seines Sohnes. Band 194

Achim freut sich auf die Ferien auf dem Land. Aber in diesem Sommer, kurz vor dem Krieg, ist auch auf dem Dorf vieles anders geworden. Die alten Freunde stellen sich gegen Achim, weil er nicht wie sie der Hitler-Jugend angehören will. Da bricht ein politischer Gefangener aus. Durch Zufall entdeckt Achim den Flüchtling. Band 123

Ilse Koehn war sechs, als die Nazis die «Nürnberger Gesetze» verkündeten. Darin wurde jeder Deutsche, der ein jüdisches Großelternteil hatte, als «Mischling zweiten Grades» eingestuft. Ilse Koehn wächst in Berlin auf. Ihr Leben unterscheidet sich kaum von dem ihrer Altersgenossen. Nur hin und wieder spürt sie den starken Druck, unter dem ihre Familie lebt . . . Band 226

Wolfgang Kirchner erzählt in seinem Jugendroman von jenen Monaten 1945 zwischen Krieg und Frieden im besetzten Danzig, die er und sein Bruder trotz Not, Gefahr und Verfolgung manchmal auch wie ein großes Abenteuer erleben.
Band 140

Der Zweite Weltkrieg geht seinem Ende zu, als sich Martina und Mila, die Zwangsarbeiterin aus der Ukraine, begegnen. Martina fühlt sich zu ihr hingezogen, nicht nur aus Mitleid, auch sie ist einsam. Dies ist nicht nur die Geschichte einer Freundschaft. Der Kriegsalltag, Angst und Hunger, aber auch Mitgefühl und Zusammenhalt stehen ebenso im Mittelpunkt.
Band 421

Hans-Joachim Kisselbach kommt auf die «Nationalpolitische Erziehungsanstalt» der Nazis. Er ist überzeugt, ja begeistert. Früh meldet er sich als Kriegsfreiwilliger «ins Feld». Kisselbach war einer von denen, die durch leere Parolen verführt wurden, und seine «Old Shatterhand»-Welt bricht endgültig zusammen, als die Amis ihn gefangennehmen.
Band 255

C 2286/1